国内外宠物食品
法规与标准精编

李金祥　夏兆飞　苏　强◎主编

中国农业出版社
北　京

出 版 声 明

　　本书涉及的法律法规、行业标准、政策文件等内容，均为基于公开信息整理的参考性资料，仅限于为读者提供信息参考。相关内容的表述可能会因后续版本的更新、条款修订等原因存在滞后或不完全一致，其法律效力应以官方发布的正式文本为准。本书不对因依赖其中内容所导致的任何后果承担责任。

编 委 名 单

编制出版支持单位：

国家动物健康与食品安全创新联盟

通用磨坊（中国）投资有限公司

重庆国康动物福利科学研究院

序 一

近年来，随着我国经济的快速发展和人民生活水平的显著提高，宠物经济已成为消费领域的新增长点。宠物饲料作为宠物经济的核心组成部分，不仅体现了消费升级的趋势，更与大农业产业链的延伸和现代化发展密不可分。

我国宠物饲料生产呈现高度区域集中特征，华北、华东地区产量占全国产量的90%以上。河北省、山东省凭借原材料供应优势和政策支持，成为主要生产基地，2023年河北省年产量占比36.12%，山东省年产量占比30.69%。产业链上游的谷物、肉类等农业资源供应稳定，下游销售渠道集中，电商平台占比达74.5%，成为主要增长引擎。此外，在政策层面，《全国乡村重点产业指导目录》将宠物饲料加工列为重点产业，进一步推动了行业规范化发展。

我国重视对宠物饲料质量安全的监管，《宠物饲料安全管理办法》要求企业提升生产工艺与追溯能力，国产饲料品牌逐步崛起，但在技术升级和认证成本方面面临挑战，在高端市场仍面临国际品牌的竞争压力。此外，现行的饲料相关国家标准和行业标准不能完全满足（中国）宠物饲料生产需求，如卫生标准、标签标准不太适用于宠物饲料生产。宠物饲料标准缺口大，严重滞后于宠物行业的发展需求，尤其是添加剂标准，空白大。此书的出版正是基于当前行业发展现状，为从业者介绍了国内外宠物食品的法律法规、标准，希望从业者能够认真学习，并进一步完善相关行业标准，共同促进市场规范和提升产业标准化进程。

宠物饲料行业的蓬勃发展，既是我国消费升级的缩影，也是农业现代化进程中的重要一环。需以政策为引领，以创新为动力，推动宠物经济与大农业的深度融合，实现产业高质量发展。一是要深化农业产业链协同发展。宠物饲料行业与农业的深度融合是大势所趋。一方面，通过订单农业模式，建立稳定的原材料供应体系，降低采购成本；另一方面，推动农业副产品（如豆粕、骨粉）的高效利用，实现资源循环，助力乡村振兴。二是行业需践行"双碳"目标，推广可降解包装、节能生产工艺。同时，依托"一带一路"倡议，拓展国际市场，推动国产优质品牌"走出去"，参与全球竞争。三是针对细分市场（如老年宠物、特殊疾病宠物）开发定制化产品，并通过社交媒体、宠物医疗渠道增强消费者互动。四是农业农村部明确提出推动宠物食品产业标准化、科技化发展，鼓励企业研发高附加值产品，技术创新将成为关键。例如，利用生物技术开发功能性配方，应用大数据优化供应链管理，以及推广智能化生产设备，提升效率与品质。

农业的现代化不仅体现在粮食安全层面，更在于产业链的延伸与价值链的提升。宠物饲料行业作为这一理念的生动实践，必将为农业经济注入新的活力，书写乡村振兴的新篇章。

国家动物健康与食品安全创新联盟理事长

中 国 乡 村 发 展 协 会 秘 书 长

序 二

自 2015 年起，伴随国民经济快速发展、人均可支配收入显著提升和消费升级，中国宠物行业步入快速发展阶段，展现出强劲的增长势头和广阔的发展前景。人类对宠物情感需求的日益增长，深刻改变了人类与宠物的互动方式，使得它们成为无数人心目中不可或缺的"家庭成员"。

据数据显示，2024 年，我国城镇犬猫数量为 12 544 万只，较 2015 年增长 4.8 倍，增速明显高于发达国家。受益于宠物数量增加和消费者对宠物健康的关注提升，全球宠物食品行业正面临持续增长的有利前景，销售额自 2010 年至 2023 年呈现了持续增长的趋势，从 593 亿美元增长至 1 339 亿美元，年均增长率超过 5％。中国宠物食品行业市场规模同样持续扩大，产业链日益完善，高端、天然、有机食品的需求持续攀升。以往影响养宠人群对宠物食品购买意愿的主要因素是原料成分、适口性及性价比，而在养宠人群呈现年轻化，80、90、00 后养宠人群占比 87.8％的当下，宠物主人的诉求逐渐向使用天然原料和精细化、科学化养宠方向转变，对宠物食品的品质和健康也有着更高的追求，愿意支付更高的价格选购品质更优、原材料更健康、品质更安全，甚至量身定制的宠物食品。

2024 年，宠物消费市场规模达 3 002 亿元，其中，宠物食品市场份额为 52.3％，成为宠物行业消费链中的第一大板块。机遇与挑战并存，与此同时，宠物食品市场在供应链和品控层面存在诸多漏洞，劣质原料、含量虚标等安全问题频发，少数企业甚至以次充好、鱼目混珠，引发宠物食品安全问题，不仅损害消费者的合法权益和对产品品牌的信任度，更严重阻碍了整个宠物行业的健康发展。

宠物行业在国内属于新兴行业，相关法律法规还有很大发展空间。近年来，我国宠物行业相关政策主要涉及宠物药物、食品及宠物进出口等，主要旨在加强对宠物行业主要细分市场的监管，包括兽药质量监管、宠物诊疗管理、饲料及饲料添加剂管理等，以推动宠物行业健康、有序、高质量发展。2018 年农业农村部发布 20 号文件，首次制定了《宠物饲料管理办法》《宠物饲料生产企业许可条件》《宠物饲料标签规定》等关于宠物食品的一系列文件。对于宠物食品的安全管理，多数仅靠主管部门、行业协会的核查，企业自律自查的积极性不足。

　　本书对国内外宠物食品行业主要的法律法规进行了汇编，对美国、欧盟的执行标准进行了总结，对我国的国家标准、行业标准、地方标准和团体标准进行了介绍，希望可以帮助从业者更好地理解、执行法律法规和标准，用更高的标准生产出更好的产品，以保障宠物及消费者的权益，各方协同发力保障宠物食品行业的高质量发展。

通用磨坊国际事业部副总裁
中国区总裁兼董事总经理　苏强

目 录

01
—

第一章

**中国宠物食品
管理法规**

饲料质量安全管理规范

中华人民共和国农业部令

2014 年　第 1 号

《饲料质量安全管理规范》业经 2013 年 12 月 27 日农业部第 11 次常务会议审议通过，现予公布，自 2015 年 7 月 1 日起施行。

部长　韩长赋
2014 年 1 月 13 日

饲料质量安全管理规范

第一章　总　　则

第一条　为规范饲料企业生产行为，保障饲料产品质量安全，根据《饲料和饲料添加剂管理条例》，制定本规范。

第二条　本规范适用于添加剂预混合饲料、浓缩饲料、配合饲料和精料补充料生产企业（以下简称企业）。

第三条　企业应当按照本规范的要求组织生产，实现从原料采购到产品销售的全程质量安全控制。

第四条　企业应当及时收集、整理、记录本规范执行情况和生产经营状况，认真履行年度备案和饲料统计义务。

有委托生产行为的，委托方和受托方应当分别向所在地省级人民政府饲料管理部门备案。

第五条　县级以上人民政府饲料管理部门应当制定年度监督检查计划，对企业实施本规范的情况进行监督检查。

第二章　原料采购与管理

第六条　企业应当加强对饲料原料、单一饲料、饲料添加剂、药物饲料添加剂、添加剂预混合饲料和浓缩饲料（以下简称原料）的采购管理，全面评估原料生产企业和经销商（以下简称供应商）的资质和产品质量保障能力，建立供应商评价和再评价制度，编制合格供应商名录，填写并保存供应商评价记录：

（一）供应商评价和再评价制度应当规定供应商评价及再评价流程、评价内容、评价标准、评价记录等内容；

（二）从原料生产企业采购的，供应商评价记录应当包括生产企业名称及生产地址、联系方式、许可证明文件编号（评价单一饲料、饲料添加剂、药物饲料添加剂、添加剂预混合饲料、浓缩饲料生产企业时填写）、原料通用名称及商品名称、评价内容、评价结论、评价日期、评价人等信息；

（三）从原料经销商采购的，供应商评价记录应当包括经销商名称及注册地址、联系方式、营业执照注册号、原料通用名称及商品名称、评价内容、评价结论、评价日期、评价人等信息；

（四）合格供应商名录应当包括供应商的名称、原料通用名称及商品名称、许可证明文件编号（供应商为单一饲料、饲料添加剂、药物饲料添加剂、添加剂预混合饲料、浓缩饲料生产企业时填写）、评价日期等信息。

企业统一采购原料供分支机构使用的，分支机构应当复制、保存前款规定的合格供应商名录和供应商评价记录。

第七条　企业应当建立原料采购验收制度和原料验收标准，逐批对采购的原料进行查验或者检验：

（一）原料采购验收制度应当规定采购验收流程、查验要求、检验要求、原料验收标准、不合格原料处置、查验记录等内容。

（二）原料验收标准应当规定原料的通用名称、主成分指标验收值、卫生指标验收值等内容，卫生指标验收值应当符合有关法律法规和国家、行业标准的规定。

（三）企业采购实施行政许可的国产单一饲料、饲料添加剂、药物饲料添加剂、添加剂预混合饲料、浓缩饲料的，应当逐批查验许可证明文件编号和产品质量检验合格证，填写并保存查验记录；查验记录应当包括原料通用名称、生产企业、生产日期、查验内容、查验结果、查验人等信息；无许可证明文件编号和产品质量检验合格证的，或者经查验许可证明文件编号不实的，不得接收、使用。

（四）企业采购实施登记或者注册管理的进口单一饲料、饲料添加剂、药物饲料添加剂、添加剂预混合饲料、浓缩饲料的，应当逐批查验进口许可证明文件编号，填写并保存查验记录；查验记录应当包括原料通用名称、生产企业、生产日期、查验内容、查验结果、查验人等信息；无进口许可证明文件编号的，或者经查验进口许可证明文件编号不实的，不得接收、使用。

（五）企业采购不需行政许可的原料的，应当依据原料验收标准逐批查验供应商提供的该批原料的质量检验报告；无质量检验报告的，企业应当逐批对原料的主成分指标进行自行检验或者委托检验；不符合原料验收标准的，不得接收、使用；原料质量检验报告、自行检验结果、委托检验报告应当归档保存。

（六）企业应当每3个月至少选择5种原料，自行或者委托有资质的机构对其主要卫生指标进行检测，根据检测结果进行原料安全性评价，保存检测结果和评价报告；委托检测的，应当索取并保存受委托检测机构的计量认证或者实验室认可证书及附表复印件。

第八条 企业应当填写并保存原料进货台账，进货台账应当包括原料通用名称及商品名称、生产企业或者供货者名称、联系方式、产地、数量、生产日期、保质期、查验或者检验信息、进货日期、经办人等信息。

进货台账保存期限不得少于2年。

第九条 企业应当建立原料仓储管理制度，填写并保存出入库记录：

（一）原料仓储管理制度应当规定库位规划、堆放方式、垛位标识、库房盘点、环境要求、虫鼠防范、库房安全、出入库记录等内容；

（二）出入库记录应当包括原料名称、包装规格、生产日期、供应商简称或者代码、入库数量和日期、出库数量和日期、库存数量、保管人等信息。

第十条 企业应当按照"一垛一卡"的原则对原料实施垛位标识卡管理，垛位标识卡应当标明原料名称、供应商简称或者代码、垛位总量、已用数量、检验状态等信息。

第十一条 企业应当对维生素、微生物和酶制剂等热敏物质的贮存温度进行监控，填写并保存温度监控记录。监控记录应当包括设定温度、实际温度、监控时间、记录人等信息。

监控中发现实际温度超出设定温度范围的，应当采取有效措施及时处置。

第十二条 按危险化学品管理的亚硒酸钠等饲料添加剂的贮存间或者贮存柜应当设立清晰的警示标识，采用双人双锁管理。

第十三条 企业应当根据原料种类、库存时间、保质期、气候变化等因素建立长期库存原料质量监控制度，填写并保存监控记录：

（一）质量监控制度应当规定监控方式、监控内容、监控频次、异常情况界定、处置方式、处置权限、监控记录等内容；

（二）监控记录应当包括原料名称、监控内容、异常情况描述、处置方式、处置结果、监控日期、监控人等信息。

第三章 生产过程控制

第十四条 企业应当制定工艺设计文件，设定生产工艺参数。

工艺设计文件应当包括生产工艺流程图、工艺说明和生产设备清单等内容。

生产工艺应当至少设定以下参数：粉碎工艺设定筛片孔径，混合工艺设定混合时间，制粒工艺设定调质温度、蒸汽压力、环模规格、环模长径比、分级筛筛网孔径，膨化工艺设定调质温度、模板孔径。

第十五条 企业应当根据实际工艺流程，制定以下主要作业岗位操作规程：

（一）小料（指生产过程中，将微量添加的原料预先进行配料或者配料混合后获得的中间产品）配料岗位操作规程，规定小料原料的领取与核实、小料原料的放置与标识、称重电子秤校准与核查、现场清洁卫生、小料原料领取记录、小料配料记录等内容；

（二）小料预混合岗位操作规程，规定载体或者稀释剂领取、投料顺序、预混合时间、预混合产品分装与标识、现场清洁卫生、小料预混合记录等内容；

（三）小料投料与复核岗位操作规程，规定小料投放指令、小料复核、现场清洁卫生、小料投料与复核记录等内容；

（四）大料投料岗位操作规程，规定投料指令、垛位取料、感官检查、现场清洁卫生、大料投料记录等内容；

（五）粉碎岗位操作规程，规定筛片锤片检查与更换、粉碎粒度、粉碎料入仓检查、喂料器和磁选设备清理、粉碎作业记录等内容；

（六）中控岗位操作规程，规定设备开启与关闭原则、微机配料软件启动与配方核对、混合时间设置、配料误差核查、进仓原料核实、中控作业记录等内容；

（七）制粒岗位操作规程，规定设备开启与关闭原则、环模与分级筛网更换、破碎机轧距调节、制粒机润滑、调质参数监视、设备（制粒室、调质器、冷却器）清理、感官检查、现场清洁卫生、制粒作业记录等内容；

（八）膨化岗位操作规程，规定设备开启与关闭原则、调质参数监视、设备（膨化室、调质器、冷却器、干燥器）清理、感官检查、现场清洁卫生、膨化作业记录等内容；

（九）包装岗位操作规程，规定标签与包装袋领取、标签与包装袋核对、感官检查、包重校验、现场清洁卫生、包装作业记录等内容；

（十）生产线清洗操作规程，规定清洗原则、清洗实施与效果评价、清洗料的放置与标识、清洗料使用、生产线清洗记录等内容。

第十六条 企业应当根据实际工艺流程，制定生产记录表单，填写并保存相关记录：

（一）小料原料领取记录，包括小料原料名称、领用数量、领取时间、领取人等信息；

（二）小料配料记录，包括小料名称、理论值、实际称重值、配料数量、作业时间、配料人等信息；

（三）小料预混合记录，包括小料名称、重量、批次、混合时间、作业时间、操作人等信息；

（四）小料投料与复核记录，包括产品名称、接收批数、投料批数、重量复核、剩余批数、作业时间、投料人等信息；

（五）大料投料记录，包括大料名称、投料数量、感官检查、作业时间、投料人等信息；

（六）粉碎作业记录，包括物料名称、粉碎机号、筛片规格、作业时间、操作人等信息；

（七）大料配料记录，包括配方编号、大料名称、配料仓号、理论值、实际值、作业时间、配料人等信息；

（八）中控作业记录，包括产品名称、配方编号、清洗料、理论产量、成品仓号、洗仓情况、作业时间、操作人等信息；

（九）制粒作业记录，包括产品名称、制粒机号、制粒仓号、调质温度、蒸汽压力、环模孔径、环模长径比、分级筛筛网孔径、感官检查、作业时间、操作人等信息；

（十）膨化作业记录，包括产品名称、调质温度、模板孔径、膨化温度、感官检查、作业时间、操作人等信息；

（十一）包装作业记录，包括产品名称、实际产量、包装规格、包数、感官检查、头尾包数量、作业时间、操作人等信息；

（十二）标签领用记录，包括产品名称、领用数量、班次用量、损毁数量、剩余数量、领取时间、领用人等信息；

（十三）生产线清洗记录，包括班次、清洗料名称、清洗料重量、清洗过程描述、作业时间、清洗人等信息；

（十四）清洗料使用记录，包括清洗料名称、生产班次、清洗料使用情况描述、使用时间、操作人等信息。

第十七条　企业应当采取有效措施防止生产过程中的交叉污染：

（一）按照"无药物的在先、有药物的在后"原则制定生产计划。

（二）生产含有药物饲料添加剂的产品后，生产不含药物饲料添加剂或者改变所用药物饲料添加剂品种的产品的，应当对生产线进行清洗；清洗料回用的，应当明确标识并回置于同品种产品中。

（三）盛放饲料添加剂、药物饲料添加剂、添加剂预混合饲料、含有药物饲料添加剂的产品及其中间产品的器具或者包装物应当明确标识，不得交叉混用。

（四）设备应当定期清理，及时清除残存料、粉尘积垢等残留物。

第十八条　企业应当采取有效措施防止外来污染：

（一）生产车间应当配备防鼠、防鸟等设施，地面平整，无污垢积存；

（二）生产现场的原料、中间产品、返工料、清洗料、不合格品等应当分类存放，清晰标识；

（三）保持生产现场清洁，及时清理杂物；

（四）按照产品说明书规范使用润滑油、清洗剂；

（五）不得使用易碎、易断裂、易生锈的器具作为称量或者盛放用具；

（六）不得在饲料生产过程中进行维修、焊接、气割等作业。

第十九条　企业应当建立配方管理制度，规定配方的设计、审核、批准、更改、传递、使用等内容。

第二十条　企业应当建立产品标签管理制度，规定标签的设计、审核、保管、使用、销毁等内容。

产品标签应当专库（柜）存放，专人管理。

第二十一条　企业应当对生产配方中添加比例小于0.2%的原料进行预混合。

第二十二条　企业应当根据产品混合均匀度要求，确定产品的最佳混合时间，填写并保存最佳混合时间实验记录。实验记录应当包括混合机编号、混合物料名称、混合次数、混合时间、检验结果、最佳混合时间、检验日期、检验人等信息。

企业应当每6个月按照产品类别（添加剂预混合饲料、配合饲料、浓缩饲料、精料补充料）进行至少1次混合均匀度验证，填写并保存混合均匀度验证记录。验证记录应当包括产品名称、混合机编号、混合时间、检验方法、检验结果、验证结论、检验日期、检验人等信息。

混合机发生故障经修复投入生产前，应当按照前款规定进行混合均匀度验证。

第二十三条 企业应当建立生产设备管理制度和档案，制定粉碎机、混合机、制粒机、膨化机、空气压缩机等关键设备操作规程，填写并保存维护保养记录和维修记录：

（一）生产设备管理制度应当规定采购与验收、档案管理、使用操作、维护保养、备品备件管理、维护保养记录、维修记录等内容；

（二）设备操作规程应当规定开机前准备、启动与关闭、操作步骤、关机后整理、日常维护保养等内容；

（三）维护保养记录应当包括设备名称、设备编号、保养项目、保养日期、保养人等信息；

（四）维修记录应当包括设备名称、设备编号、维修部位、故障描述、维修方式及效果、维修日期、维修人等信息；

（五）关键设备应当实行"一机一档"管理，档案包括基本信息表（名称、编号、规格型号、制造厂家、联系方式、安装日期、投入使用日期）、使用说明书、操作规程、维护保养记录、维修记录等内容。

第二十四条 企业应当严格执行国家安全生产相关法律法规。

生产设备、辅助系统应当处于正常工作状态；锅炉、压力容器等特种设备应当通过安全检查；计量秤、地磅、压力表等测量设备应当定期检定或者校验。

第四章　产品质量控制

第二十五条 企业应当建立现场质量巡查制度，填写并保存现场质量巡查记录：

（一）现场质量巡查制度应当规定巡查位点、巡查内容、巡查频次、异常情况界定、处置方式、处置权限、巡查记录等内容；

（二）现场质量巡查记录应当包括巡查位点、巡查内容、异常情况描述、处置方式、处置结果、巡查时间、巡查人等信息。

第二十六条 企业应当建立检验管理制度，规定人员资质与职责、样品抽取与检验、检验结果判定、检验报告编制与审核、产品质量检验合格证签发等内容。

第二十七条 企业应当根据产品质量标准实施出厂检验，填写并保存产品出厂检验记录；检验记录应当包括产品名称或者编号、检验项目、检验方法、计算公式中符号的含义和数值、检验结果、检验日期、检验人等信息。

产品出厂检验记录保存期限不得少于2年。

第二十八条　企业应当每周从其生产的产品中至少抽取 5 个批次的产品自行检验下列主成分指标：

（一）维生素预混合饲料：两种以上维生素；

（二）微量元素预混合饲料：两种以上微量元素；

（三）复合预混合饲料：两种以上维生素和两种以上微量元素；

（四）浓缩饲料、配合饲料、精料补充料：粗蛋白质、粗灰分、钙、总磷。

主成分指标检验记录保存期限不得少于 2 年。

第二十九条　企业应当根据仪器设备配置情况，建立分析天平、高温炉、干燥箱、酸度计、分光光度计、高效液相色谱仪、原子吸收分光光度计等主要仪器设备操作规程和档案，填写并保存仪器设备使用记录：

（一）仪器设备操作规程应当规定开机前准备、开机顺序、操作步骤、关机顺序、关机后整理、日常维护、使用记录等内容；

（二）仪器设备使用记录应当包括仪器设备名称、型号或者编号、使用日期、样品名称或者编号、检验项目、开始时间、完毕时间、仪器设备运行前后状态、使用人等信息；

（三）仪器设备应当实行"一机一档"管理，档案包括仪器基本信息表（名称、编号、型号、制造厂家、联系方式、安装日期、投入使用日期）、使用说明书、购置合同、操作规程、使用记录等内容。

第三十条　企业应当建立化学试剂和危险化学品管理制度，规定采购、贮存要求、出入库、使用、处理等内容。

化学试剂、危险化学品以及试验溶液的使用，应当遵循 GB/T 601、GB/T 602、GB/T 603 以及检验方法标准的要求。

企业应当填写并保存危险化学品出入库记录，记录应当包括危险化学品名称、入库数量和日期、出库数量和日期、保管人等信息。

第三十一条　企业应当每年选择 5 个检验项目，采取以下一项或者多项措施进行检验能力验证，对验证结果进行评价并编制评价报告：

（一）同具有法定资质的检验机构进行检验比对；

（二）利用购买的标准物质或者高纯度化学试剂进行检验验证；

（三）在实验室内部进行不同人员、不同仪器的检验比对；

（四）对曾经检验过的留存样品进行再检验；

（五）利用检验质量控制图等数理统计手段识别异常数据。

第三十二条　企业应当建立产品留样观察制度，对每批次产品实施留样观察，填写并保存留样观察记录：

（一）留样观察制度应当规定留样数量、留样标识、贮存环境、观察内容、观察频次、异常情况界定、处置方式、处置权限、到期样品处理、留样观察记录等内容；

（二）留样观察记录应当包括产品名称或者编号、生产日期或者批号、保质截止日期、观察内容、异常情况描述、处置方式、处置结果、观察日期、观察人等信息。

留样保存时间应当超过产品保质期1个月。

第三十三条 企业应当建立不合格品管理制度，填写并保存不合格品处置记录：

（一）不合格品管理制度应当规定不合格品的界定、标识、贮存、处置方式、处置权限、处置记录等内容；

（二）不合格品处置记录应当包括不合格品的名称、数量、不合格原因、处置方式、处置结果、处置日期、处置人等信息。

第五章 产品贮存与运输

第三十四条 企业应当建立产品仓储管理制度，填写并保存出入库记录：

（一）仓储管理制度应当规定库位规划、堆放方式、垛位标识、库房盘点、环境要求、虫鼠防范、库房安全、出入库记录等内容；

（二）出入库记录应当包括产品名称、规格或者等级、生产日期、入库数量和日期、出库数量和日期、库存数量、保管人等信息；

（三）不同产品的垛位之间应当保持适当距离；

（四）不合格产品和过期产品应当隔离存放并有清晰标识。

第三十五条 企业应当在产品装车前对运输车辆的安全、卫生状况实施检查。

第三十六条 企业使用罐装车运输产品的，应当专车专用，并随车附具产品标签和产品质量检验合格证。

装运不同产品时，应当对罐体进行清理。

第三十七条 企业应当填写并保存产品销售台账。销售台账应当包括产品的名称、数量、生产日期、生产批次、质量检验信息、购货者名称及其联系方式、销售日期等信息。

销售台账保存期限不得少于2年。

第六章 产品投诉与召回

第三十八条 企业应当建立客户投诉处理制度，填写并保存客户投诉处理记录：

（一）投诉处理制度应当规定投诉受理、处理方法、处理权限、投诉处理记录等内容；

（二）投诉处理记录应当包括投诉日期、投诉人姓名和地址、产品名称、生产日期、投诉内容、处理结果、处理日期、处理人等信息。

第三十九条 企业应当建立产品召回制度，填写并保存召回记录：

（一）召回制度应当规定召回流程、召回产品的标识和贮存、召回记录等内容；

（二）召回记录应当包括产品名称、召回产品使用者、召回数量、召回日期等信息。

企业应当每年至少进行1次产品召回模拟演练，综合评估演练结果并编制模拟演练总结报告。

第四十条 企业应当在饲料管理部门的监督下对召回产品进行无害化处理或者销毁，填写并保存召回产品处置记录。处置记录应当包括处置产品名称、数量、处置方式、处置日期、处置人、监督人等信息。

第七章　培训、卫生和记录管理

第四十一条　企业应当建立人员培训制度，制定年度培训计划，每年对员工进行至少2次饲料质量安全知识培训，填写并保存培训记录：

（一）人员培训制度应当规定培训范围、培训内容、培训方式、考核方式、效果评价、培训记录等内容；

（二）培训记录应当包括培训对象、内容、师资、日期、地点、考核方式、考核结果等信息。

第四十二条　厂区环境卫生应当符合国家有关规定。

第四十三条　企业应当建立记录管理制度，规定记录表单的编制、格式、编号、审批、印发、修订、填写、存档、保存期限等内容。

除本规范中明确规定保存期限的记录外，其他记录保存期限不得少于1年。

第八章　附　　则

第四十四条　本规范自 2015 年 7 月 1 日起施行。

第二节
饲料及饲料添加剂管理条例

(1999 年 5 月 29 日中华人民共和国国务院令第 266 号发布 根据 2001 年 11 月 29 日《国务院关于修改〈饲料和饲料添加剂管理条例〉的决定》第一次修订 2011 年 10 月 26 日国务院第 177 次常务会议修订通过 根据 2013 年 12 月 7 日《国务院关于修改部分行政法规的决定》第二次修订 根据 2016 年 2 月 6 日《国务院关于修改部分行政法规的决定》第三次修订 根据 2017 年 3 月 1 日《国务院关于修改和废止部分行政法规的决定》第四次修订)

第一章 总 则

第一条 为了加强对饲料、饲料添加剂的管理,提高饲料、饲料添加剂的质量,保障动物产品质量安全,维护公众健康,制定本条例。

第二条 本条例所称饲料,是指经工业化加工、制作的供动物食用的产品,包括单一饲料、添加剂预混合饲料、浓缩饲料、配合饲料和精料补充料。

本条例所称饲料添加剂,是指在饲料加工、制作、使用过程中添加的少量或者微量物质,包括营养性饲料添加剂和一般饲料添加剂。

饲料原料目录和饲料添加剂品种目录由国务院农业行政主管部门制定并公布。

第三条 国务院农业行政主管部门负责全国饲料、饲料添加剂的监督管理工作。

县级以上地方人民政府负责饲料、饲料添加剂管理的部门(以下简称饲料管理部门),负责本行政区域饲料、饲料添加剂的监督管理工作。

第四条 县级以上地方人民政府统一领导本行政区域饲料、饲料添加剂的监督管理工作,建立健全监督管理机制,保障监督管理工作的开展。

第五条 饲料、饲料添加剂生产企业、经营者应当建立健全质量安全制度,对其生产、经营的饲料、饲料添加剂的质量安全负责。

第六条 任何组织或者个人有权举报在饲料、饲料添加剂生产、经营、使用过程中违反本条例的行为,有权对饲料、饲料添加剂监督管理工作提出意见和建议。

第二章 审定和登记

第七条 国家鼓励研制新饲料、新饲料添加剂。

研制新饲料、新饲料添加剂,应当遵循科学、安全、有效、环保的原则,保证新饲料、新饲料添加剂的质量安全。

第八条 研制的新饲料、新饲料添加剂投入生产前，研制者或者生产企业应当向国务院农业行政主管部门提出审定申请，并提供该新饲料、新饲料添加剂的样品和下列资料：

（一）名称、主要成分、理化性质、研制方法、生产工艺、质量标准、检测方法、检验报告、稳定性试验报告、环境影响报告和污染防治措施；

（二）国务院农业行政主管部门指定的试验机构出具的该新饲料、新饲料添加剂的饲喂效果、残留消解动态以及毒理学安全性评价报告。

申请新饲料添加剂审定的，还应当说明该新饲料添加剂的添加目的、使用方法，并提供该饲料添加剂残留可能对人体健康造成影响的分析评价报告。

第九条 国务院农业行政主管部门应当自受理申请之日起 5 个工作日内，将新饲料、新饲料添加剂的样品和申请资料交全国饲料评审委员会，对该新饲料、新饲料添加剂的安全性、有效性及其对环境的影响进行评审。

全国饲料评审委员会由养殖、饲料加工、动物营养、毒理、药理、代谢、卫生、化工合成、生物技术、质量标准、环境保护、食品安全风险评估等方面的专家组成。全国饲料评审委员会对新饲料、新饲料添加剂的评审采取评审会议的形式，评审会议应当有 9 名以上全国饲料评审委员会专家参加，根据需要也可以邀请 1 至 2 名全国饲料评审委员会专家以外的专家参加，参加评审的专家对评审事项具有表决权。评审会议应当形成评审意见和会议纪要，并由参加评审的专家审核签字；有不同意见的，应当注明。参加评审的专家应当依法公平、公正履行职责，对评审资料保密，存在回避事由的，应当主动回避。

全国饲料评审委员会应当自收到新饲料、新饲料添加剂的样品和申请资料之日起 9 个月内出具评审结果并提交国务院农业行政主管部门；但是，全国饲料评审委员会决定由申请人进行相关试验的，经国务院农业行政主管部门同意，评审时间可以延长 3 个月。

国务院农业行政主管部门应当自收到评审结果之日起 10 个工作日内作出是否核发新饲料、新饲料添加剂证书的决定；决定不予核发的，应当书面通知申请人并说明理由。

第十条 国务院农业行政主管部门核发新饲料、新饲料添加剂证书，应当同时按照职责权限公布该新饲料、新饲料添加剂的产品质量标准。

第十一条 新饲料、新饲料添加剂的监测期为 5 年。新饲料、新饲料添加剂处于监测期的，不受理其他就该新饲料、新饲料添加剂的生产申请和进口登记申请，但超过 3 年不投入生产的除外。

生产企业应当收集处于监测期的新饲料、新饲料添加剂的质量稳定性及其对动物产品质量安全的影响等信息，并向国务院农业行政主管部门报告；国务院农业行政主管部门应当对新饲料、新饲料添加剂的质量安全状况组织跟踪监测，证实其存在安全问题的，应当撤销新饲料、新饲料添加剂证书并予以公告。

第十二条 向中国出口中国境内尚未使用但出口国已经批准生产和使用的饲料、饲料添加剂的，由出口方驻中国境内的办事机构或者其委托的中国境内代理机构向国务院农业行政主管部门申请登记，并提供该饲料、饲料添加剂的样品和下列资料：

（一）商标、标签和推广应用情况；

（二）生产地批准生产、使用的证明和生产地以外其他国家、地区的登记资料；

（三）主要成分、理化性质、研制方法、生产工艺、质量标准、检测方法、检验报告、稳定性试验报告、环境影响报告和污染防治措施；

（四）国务院农业行政主管部门指定的试验机构出具的该饲料、饲料添加剂的饲喂效果、残留消解动态以及毒理学安全性评价报告。

申请饲料添加剂进口登记的，还应当说明该饲料添加剂的添加目的、使用方法，并提供该饲料添加剂残留可能对人体健康造成影响的分析评价报告。

国务院农业行政主管部门应当依照本条例第九条规定的新饲料、新饲料添加剂的评审程序组织评审，并决定是否核发饲料、饲料添加剂进口登记证。

首次向中国出口中国境内已经使用且出口国已经批准生产和使用的饲料、饲料添加剂的，应当依照本条第一款、第二款的规定申请登记。国务院农业行政主管部门应当自受理申请之日起 10 个工作日内对申请资料进行审查；审查合格的，将样品交由指定的机构进行复核检测；复核检测合格的，国务院农业行政主管部门应当在 10 个工作日内核发饲料、饲料添加剂进口登记证。

饲料、饲料添加剂进口登记证有效期为 5 年。进口登记证有效期满需要继续向中国出口饲料、饲料添加剂的，应当在有效期届满 6 个月前申请续展。

禁止进口未取得饲料、饲料添加剂进口登记证的饲料、饲料添加剂。

第十三条 国家对已经取得新饲料、新饲料添加剂证书或者饲料、饲料添加剂进口登记证的、含有新化合物的饲料、饲料添加剂的申请人提交的其自己所取得且未披露的试验数据和其他数据实施保护。

自核发证书之日起 6 年内，对其他申请人未经已取得新饲料、新饲料添加剂证书或者饲料、饲料添加剂进口登记证的申请人同意，使用前款规定的数据申请新饲料、新饲料添加剂审定或者饲料、饲料添加剂进口登记的，国务院农业行政主管部门不予审定或者登记；但是，其他申请人提交其自己所取得的数据的除外。

除下列情形外，国务院农业行政主管部门不得披露本条第一款规定的数据：

（一）公共利益需要；

（二）已采取措施确保该类信息不会被不正当地进行商业使用。

第三章 生产、经营和使用

第十四条 设立饲料、饲料添加剂生产企业，应当符合饲料工业发展规划和产业政策，并具备下列条件：

（一）有与生产饲料、饲料添加剂相适应的厂房、设备和仓储设施；

（二）有与生产饲料、饲料添加剂相适应的专职技术人员；

（三）有必要的产品质量检验机构、人员、设施和质量管理制度；

（四）有符合国家规定的安全、卫生要求的生产环境；

（五）有符合国家环境保护要求的污染防治措施；

（六）国务院农业行政主管部门制定的饲料、饲料添加剂质量安全管理规范规定的其他条件。

第十五条　申请从事饲料、饲料添加剂生产的企业，申请人应当向省、自治区、直辖市人民政府饲料管理部门提出申请。省、自治区、直辖市人民政府饲料管理部门应当自受理申请之日起 10 个工作日内进行书面审查；审查合格的，组织进行现场审核，并根据审核结果在 10 个工作日内作出是否核发生产许可证的决定。

生产许可证有效期为 5 年。生产许可证有效期满需要继续生产饲料、饲料添加剂的，应当在有效期届满 6 个月前申请续展。

第十六条　饲料添加剂、添加剂预混合饲料生产企业取得生产许可证后，由省、自治区、直辖市人民政府饲料管理部门按照国务院农业行政主管部门的规定，核发相应的产品批准文号。

第十七条　饲料、饲料添加剂生产企业应当按照国务院农业行政主管部门的规定和有关标准，对采购的饲料原料、单一饲料、饲料添加剂、药物饲料添加剂、添加剂预混合饲料和用于饲料添加剂生产的原料进行查验或者检验。

饲料生产企业使用限制使用的饲料原料、单一饲料、饲料添加剂、药物饲料添加剂、添加剂预混合饲料生产饲料的，应当遵守国务院农业行政主管部门的限制性规定。禁止使用国务院农业行政主管部门公布的饲料原料目录、饲料添加剂品种目录和药物饲料添加剂品种目录以外的任何物质生产饲料。

饲料、饲料添加剂生产企业应当如实记录采购的饲料原料、单一饲料、饲料添加剂、药物饲料添加剂、添加剂预混合饲料和用于饲料添加剂生产的原料的名称、产地、数量、保质期、许可证明文件编号、质量检验信息、生产企业名称或者供货者名称及其联系方式、进货日期等。记录保存期限不得少于 2 年。

第十八条　饲料、饲料添加剂生产企业，应当按照产品质量标准以及国务院农业行政主管部门制定的饲料、饲料添加剂质量安全管理规范和饲料添加剂安全使用规范组织生产，对生产过程实施有效控制并实行生产记录和产品留样观察制度。

第十九条　饲料、饲料添加剂生产企业应当对生产的饲料、饲料添加剂进行产品质量检验；检验合格的，应当附具产品质量检验合格证。未经产品质量检验、检验不合格或者未附具产品质量检验合格证的，不得出厂销售。

饲料、饲料添加剂生产企业应当如实记录出厂销售的饲料、饲料添加剂的名称、数量、生产日期、生产批次、质量检验信息、购货者名称及其联系方式、销售日期等。记录保存期限不得少于 2 年。

第二十条　出厂销售的饲料、饲料添加剂应当包装，包装应当符合国家有关安全、卫生的规定。

饲料生产企业直接销售给养殖者的饲料可以使用罐装车运输。罐装车应当符合国家有关安全、卫生的规定，并随罐装车附具符合本条例第二十一条规定的标签。

易燃或者其他特殊的饲料、饲料添加剂的包装应当有警示标志或者说明，并注明储运注意事项。

第二十一条 饲料、饲料添加剂的包装上应当附具标签。标签应当以中文或者适用符号标明产品名称、原料组成、产品成分分析保证值、净重或者净含量、贮存条件、使用说明、注意事项、生产日期、保质期、生产企业名称以及地址、许可证明文件编号和产品质量标准等。加入药物饲料添加剂的，还应当标明"加入药物饲料添加剂"字样，并标明其通用名称、含量和休药期。乳和乳制品以外的动物源性饲料，还应当标明"本产品不得饲喂反刍动物"字样。

第二十二条 饲料、饲料添加剂经营者应当符合下列条件：

（一）有与经营饲料、饲料添加剂相适应的经营场所和仓储设施；

（二）有具备饲料、饲料添加剂使用、贮存等知识的技术人员；

（三）有必要的产品质量管理和安全管理制度。

第二十三条 饲料、饲料添加剂经营者进货时应当查验产品标签、产品质量检验合格证和相应的许可证明文件。

饲料、饲料添加剂经营者不得对饲料、饲料添加剂进行拆包、分装，不得对饲料、饲料添加剂进行再加工或者添加任何物质。

禁止经营用国务院农业行政主管部门公布的饲料原料目录、饲料添加剂品种目录和药物饲料添加剂品种目录以外的任何物质生产的饲料。

饲料、饲料添加剂经营者应当建立产品购销台账，如实记录购销产品的名称、许可证明文件编号、规格、数量、保质期、生产企业名称或者供货者名称及其联系方式、购销时间等。购销台账保存期限不得少于2年。

第二十四条 向中国出口的饲料、饲料添加剂应当包装，包装应当符合中国有关安全、卫生的规定，并附具符合本条例第二十一条规定的标签。

向中国出口的饲料、饲料添加剂应当符合中国有关检验检疫的要求，由出入境检验检疫机构依法实施检验检疫，并对其包装和标签进行核查。包装和标签不符合要求的，不得入境。

境外企业不得直接在中国销售饲料、饲料添加剂。境外企业在中国销售饲料、饲料添加剂的，应当依法在中国境内设立销售机构或者委托符合条件的中国境内代理机构销售。

第二十五条 养殖者应当按照产品使用说明和注意事项使用饲料。在饲料或者动物饮用水中添加饲料添加剂的，应当符合饲料添加剂使用说明和注意事项的要求，遵守国务院农业行政主管部门制定的饲料添加剂安全使用规范。

养殖者使用自行配制的饲料的，应当遵守国务院农业行政主管部门制定的自行配制饲料使用规范，并不得对外提供自行配制的饲料。

使用限制使用的物质养殖动物的，应当遵守国务院农业行政主管部门的限制性规定。禁止在饲料、动物饮用水中添加国务院农业行政主管部门公布禁用的物质以及对人体具有直接或者潜在危害的其他物质，或者直接使用上述物质养殖动物。禁止在反刍动物饲料中添加乳和乳制品以外的动物源性成分。

第二十六条　国务院农业行政主管部门和县级以上地方人民政府饲料管理部门应当加强饲料、饲料添加剂质量安全知识的宣传，提高养殖者的质量安全意识，指导养殖者安全、合理使用饲料、饲料添加剂。

第二十七条　饲料、饲料添加剂在使用过程中被证实对养殖动物、人体健康或者环境有害的，由国务院农业行政主管部门决定禁用并予以公布。

第二十八条　饲料、饲料添加剂生产企业发现其生产的饲料、饲料添加剂对养殖动物、人体健康有害或者存在其他安全隐患的，应当立即停止生产，通知经营者、使用者，向饲料管理部门报告，主动召回产品，并记录召回和通知情况。召回的产品应当在饲料管理部门监督下予以无害化处理或者销毁。

饲料、饲料添加剂经营者发现其销售的饲料、饲料添加剂具有前款规定情形的，应当立即停止销售，通知生产企业、供货者和使用者，向饲料管理部门报告，并记录通知情况。

养殖者发现其使用的饲料、饲料添加剂具有本条第一款规定情形的，应当立即停止使用，通知供货者，并向饲料管理部门报告。

第二十九条　禁止生产、经营、使用未取得新饲料、新饲料添加剂证书的新饲料、新饲料添加剂以及禁用的饲料、饲料添加剂。

禁止经营、使用无产品标签、无生产许可证、无产品质量标准、无产品质量检验合格证的饲料、饲料添加剂。禁止经营、使用无产品批准文号的饲料添加剂、添加剂预混合饲料。禁止经营、使用未取得饲料、饲料添加剂进口登记证的进口饲料、进口饲料添加剂。

第三十条　禁止对饲料、饲料添加剂作具有预防或者治疗动物疾病作用的说明或者宣传。但是，饲料中添加药物饲料添加剂的，可以对所添加的药物饲料添加剂的作用加以说明。

第三十一条　国务院农业行政主管部门和省、自治区、直辖市人民政府饲料管理部门应当按照职责权限对全国或者本行政区域饲料、饲料添加剂的质量安全状况进行监测，并根据监测情况发布饲料、饲料添加剂质量安全预警信息。

第三十二条　国务院农业行政主管部门和县级以上地方人民政府饲料管理部门，应当根据需要定期或者不定期组织实施饲料、饲料添加剂监督抽查；饲料、饲料添加剂监督抽查检测工作由国务院农业行政主管部门或者省、自治区、直辖市人民政府饲料管理部门指定的具有相应技术条件的机构承担。饲料、饲料添加剂监督抽查不得收费。

国务院农业行政主管部门和省、自治区、直辖市人民政府饲料管理部门应当按照职责权限公布监督抽查结果，并可以公布具有不良记录的饲料、饲料添加剂生产企业、经营者名单。

第三十三条　县级以上地方人民政府饲料管理部门应当建立饲料、饲料添加剂监督管理档案，记录日常监督检查、违法行为查处等情况。

第三十四条　国务院农业行政主管部门和县级以上地方人民政府饲料管理部门在监督检查中可以采取下列措施：

（一）对饲料、饲料添加剂生产、经营、使用场所实施现场检查；

（二）查阅、复制有关合同、票据、账簿和其他相关资料；

（三）查封、扣押有证据证明用于违法生产饲料的饲料原料、单一饲料、饲料添加剂、药物饲料添加剂、添加剂预混合饲料，用于违法生产饲料添加剂的原料，用于违法生产饲料、饲料添加剂的工具、设施，违法生产、经营、使用的饲料、饲料添加剂；

（四）查封违法生产、经营饲料、饲料添加剂的场所。

第四章　法律责任

第三十五条　国务院农业行政主管部门、县级以上地方人民政府饲料管理部门或者其他依照本条例规定行使监督管理权的部门及其工作人员，不履行本条例规定的职责或者滥用职权、玩忽职守、徇私舞弊的，对直接负责的主管人员和其他直接责任人员，依法给予处分；直接负责的主管人员和其他直接责任人员构成犯罪的，依法追究刑事责任。

第三十六条　提供虚假的资料、样品或者采取其他欺骗方式取得许可证明文件的，由发证机关撤销相关许可证明文件，处5万元以上10万元以下罚款，申请人3年内不得就同一事项申请行政许可。以欺骗方式取得许可证明文件给他人造成损失的，依法承担赔偿责任。

第三十七条　假冒、伪造或者买卖许可证明文件的，由国务院农业行政主管部门或者县级以上地方人民政府饲料管理部门按照职责权限收缴或者吊销、撤销相关许可证明文件；构成犯罪的，依法追究刑事责任。

第三十八条　未取得生产许可证生产饲料、饲料添加剂的，由县级以上地方人民政府饲料管理部门责令停止生产，没收违法所得、违法生产的产品和用于违法生产饲料的饲料原料、单一饲料、饲料添加剂、药物饲料添加剂、添加剂预混合饲料以及用于违法生产饲料添加剂的原料，违法生产的产品货值金额不足1万元的，并处1万元以上5万元以下罚款，货值金额1万元以上的，并处货值金额5倍以上10倍以下罚款；情节严重的，没收其生产设备，生产企业的主要负责人和直接负责的主管人员10年内不得从事饲料、饲料添加剂生产、经营活动。

已经取得生产许可证，但不再具备本条例第十四条规定的条件而继续生产饲料、饲料添加剂的，由县级以上地方人民政府饲料管理部门责令停止生产、限期改正，并处1万元以上5万元以下罚款；逾期不改正的，由发证机关吊销生产许可证。

已经取得生产许可证，但未取得产品批准文号而生产饲料添加剂、添加剂预混合饲料的，由县级以上地方人民政府饲料管理部门责令停止生产，没收违法所得、违法生产的产品和用于违法生产饲料的饲料原料、单一饲料、饲料添加剂、药物饲料添加剂以及用于违法生产饲料添加剂的原料，限期补办产品批准文号，并处违法生产的产品货值金额1倍以上3倍以下罚款；情节严重的，由发证机关吊销生产许可证。

第三十九条　饲料、饲料添加剂生产企业有下列行为之一的，由县级以上地方人民政府饲料管理部门责令改正，没收违法所得、违法生产的产品和用于违法生产饲料的饲料原料、单一饲料、饲料添加剂、药物饲料添加剂、添加剂预混合饲料以及用于违法生产饲料添加剂的原料，违法生产的产品货值金额不足 1 万元的，并处 1 万元以上 5 万元以下罚款，货值金额 1 万元以上的，并处货值金额 5 倍以上 10 倍以下罚款；情节严重的，由发证机关吊销、撤销相关许可证明文件，生产企业的主要负责人和直接负责的主管人员 10 年内不得从事饲料、饲料添加剂生产、经营活动；构成犯罪的，依法追究刑事责任：

（一）使用限制使用的饲料原料、单一饲料、饲料添加剂、药物饲料添加剂、添加剂预混合饲料生产饲料，不遵守国务院农业行政主管部门的限制性规定的；

（二）使用国务院农业行政主管部门公布的饲料原料目录、饲料添加剂品种目录和药物饲料添加剂品种目录以外的物质生产饲料的；

（三）生产未取得新饲料、新饲料添加剂证书的新饲料、新饲料添加剂或者禁用的饲料、饲料添加剂的。

第四十条　饲料、饲料添加剂生产企业有下列行为之一的，由县级以上地方人民政府饲料管理部门责令改正，处 1 万元以上 2 万元以下罚款；拒不改正的，没收违法所得、违法生产的产品和用于违法生产饲料的饲料原料、单一饲料、饲料添加剂、药物饲料添加剂、添加剂预混合饲料以及用于违法生产饲料添加剂的原料，并处 5 万元以上 10 万元以下罚款；情节严重的，责令停止生产，可以由发证机关吊销、撤销相关许可证明文件：

（一）不按照国务院农业行政主管部门的规定和有关标准对采购的饲料原料、单一饲料、饲料添加剂、药物饲料添加剂、添加剂预混合饲料和用于饲料添加剂生产的原料进行查验或者检验的；

（二）饲料、饲料添加剂生产过程中不遵守国务院农业行政主管部门制定的饲料、饲料添加剂质量安全管理规范和饲料添加剂安全使用规范的；

（三）生产的饲料、饲料添加剂未经产品质量检验的。

第四十一条　饲料、饲料添加剂生产企业不依照本条例规定实行采购、生产、销售记录制度或者产品留样观察制度的，由县级以上地方人民政府饲料管理部门责令改正，处 1 万元以上 2 万元以下罚款；拒不改正的，没收违法所得、违法生产的产品和用于违法生产饲料的饲料原料、单一饲料、饲料添加剂、药物饲料添加剂、添加剂预混合饲料以及用于违法生产饲料添加剂的原料，处 2 万元以上 5 万元以下罚款，并可以由发证机关吊销、撤销相关许可证明文件。

饲料、饲料添加剂生产企业销售的饲料、饲料添加剂未附具产品质量检验合格证或者包装、标签不符合规定的，由县级以上地方人民政府饲料管理部门责令改正；情节严重的，没收违法所得和违法销售的产品，可以处违法销售的产品货值金额 30% 以下罚款。

第四十二条　不符合本条例第二十二条规定的条件经营饲料、饲料添加剂的，由县级人民政府饲料管理部门责令限期改正；逾期不改正的，没收违法所得和违法经营的产品，违法经营的产品货值金额不足 1 万元的，并处 2 000 元以上 2 万元以下罚款，货值金额 1 万元以上的，并处货值金额 2 倍以上 5 倍以下罚款；情节严重的，责令停止经营，并通知工商行政管理部门，由工商行政管理部门吊销营业执照。

第四十三条 饲料、饲料添加剂经营者有下列行为之一的，由县级人民政府饲料管理部门责令改正，没收违法所得和违法经营的产品，违法经营的产品货值金额不足 1 万元的，并处 2 000 元以上 2 万元以下罚款，货值金额 1 万元以上的，并处货值金额 2 倍以上 5 倍以下罚款；情节严重的，责令停止经营，并通知工商行政管理部门，由工商行政管理部门吊销营业执照；构成犯罪的，依法追究刑事责任：

（一）对饲料、饲料添加剂进行再加工或者添加物质的；

（二）经营无产品标签、无生产许可证、无产品质量检验合格证的饲料、饲料添加剂的；

（三）经营无产品批准文号的饲料添加剂、添加剂预混合饲料的；

（四）经营用国务院农业行政主管部门公布的饲料原料目录、饲料添加剂品种目录和药物饲料添加剂品种目录以外的物质生产的饲料的；

（五）经营未取得新饲料、新饲料添加剂证书的新饲料、新饲料添加剂或者未取得饲料、饲料添加剂进口登记证的进口饲料、进口饲料添加剂以及禁用的饲料、饲料添加剂的。

第四十四条 饲料、饲料添加剂经营者有下列行为之一的，由县级人民政府饲料管理部门责令改正，没收违法所得和违法经营的产品，并处 2 000 元以上 1 万元以下罚款：

（一）对饲料、饲料添加剂进行拆包、分装的；

（二）不依照本条例规定实行产品购销台账制度的；

（三）经营的饲料、饲料添加剂失效、霉变或者超过保质期的。

第四十五条 对本条例第二十八条规定的饲料、饲料添加剂，生产企业不主动召回的，由县级以上地方人民政府饲料管理部门责令召回，并监督生产企业对召回的产品予以无害化处理或者销毁；情节严重的，没收违法所得，并处应召回的产品货值金额 1 倍以上 3 倍以下罚款，可以由发证机关吊销、撤销相关许可证明文件；生产企业对召回的产品不予以无害化处理或者销毁的，由县级人民政府饲料管理部门代为销毁，所需费用由生产企业承担。

对本条例第二十八条规定的饲料、饲料添加剂，经营者不停止销售的，由县级以上地方人民政府饲料管理部门责令停止销售；拒不停止销售的，没收违法所得，处 1 000 元以上 5 万元以下罚款；情节严重的，责令停止经营，并通知工商行政管理部门，由工商行政管理部门吊销营业执照。

第四十六条 饲料、饲料添加剂生产企业、经营者有下列行为之一的，由县级以上地方人民政府饲料管理部门责令停止生产、经营，没收违法所得和违法生产、经营的产品，违法生产、经营的产品货值金额不足 1 万元的，并处 2 000 元以上 2 万元以下罚款，货值金额 1 万元以上的，并处货值金额 2 倍以上 5 倍以下罚款；构成犯罪的，依法追究刑事责任：

（一）在生产、经营过程中，以非饲料、非饲料添加剂冒充饲料、饲料添加剂或者以此种饲料、饲料添加剂冒充他种饲料、饲料添加剂的；

（二）生产、经营无产品质量标准或者不符合产品质量标准的饲料、饲料添加剂的；

（三）生产、经营的饲料、饲料添加剂与标签标示的内容不一致的。

饲料、饲料添加剂生产企业有前款规定的行为，情节严重的，由发证机关吊销、撤销相关许可证明文件；饲料、饲料添加剂经营者有前款规定的行为，情节严重的，通知工商行政管理部门，由工商行政管理部门吊销营业执照。

第四十七条　养殖者有下列行为之一的，由县级人民政府饲料管理部门没收违法使用的产品和非法添加物质，对单位处 1 万元以上 5 万元以下罚款，对个人处 5 000 元以下罚款；构成犯罪的，依法追究刑事责任：

（一）使用未取得新饲料、新饲料添加剂证书的新饲料、新饲料添加剂或者未取得饲料、饲料添加剂进口登记证的进口饲料、进口饲料添加剂的；

（二）使用无产品标签、无生产许可证、无产品质量标准、无产品质量检验合格证的饲料、饲料添加剂的；

（三）使用无产品批准文号的饲料添加剂、添加剂预混合饲料的；

（四）在饲料或者动物饮用水中添加饲料添加剂，不遵守国务院农业行政主管部门制定的饲料添加剂安全使用规范的；

（五）使用自行配制的饲料，不遵守国务院农业行政主管部门制定的自行配制饲料使用规范的；

（六）使用限制使用的物质养殖动物，不遵守国务院农业行政主管部门的限制性规定的；

（七）在反刍动物饲料中添加乳和乳制品以外的动物源性成分的。

在饲料或者动物饮用水中添加国务院农业行政主管部门公布禁用的物质以及对人体具有直接或者潜在危害的其他物质，或者直接使用上述物质养殖动物的，由县级以上地方人民政府饲料管理部门责令其对饲喂了违禁物质的动物进行无害化处理，处 3 万元以上 10 万元以下罚款；构成犯罪的，依法追究刑事责任。

第四十八条　养殖者对外提供自行配制的饲料的，由县级人民政府饲料管理部门责令改正，处 2 000 元以上 2 万元以下罚款。

第五章　附　则

第四十九条　本条例下列用语的含义：

（一）饲料原料，是指来源于动物、植物、微生物或者矿物质，用于加工制作饲料但不属于饲料添加剂的饲用物质。

（二）单一饲料，是指来源于一种动物、植物、微生物或者矿物质，用于饲料产品生产的饲料。

（三）添加剂预混合饲料，是指由两种（类）或者两种（类）以上营养性饲料添加剂为主，与载体或者稀释剂按照一定比例配制的饲料，包括复合预混合饲料、微量元素预混合饲料、维生素预混合饲料。

（四）浓缩饲料，是指主要由蛋白质、矿物质和饲料添加剂按照一定比例配制的饲料。

（五）配合饲料，是指根据养殖动物营养需要，将多种饲料原料和饲料添加剂按照一定比例配制的饲料。

（六）精料补充料，是指为补充草食动物的营养，将多种饲料原料和饲料添加剂按照一定比例配制的饲料。

（七）营养性饲料添加剂，是指为补充饲料营养成分而掺入饲料中的少量或者微量物质，包括饲料级氨基酸、维生素、矿物质微量元素、酶制剂、非蛋白氮等。

（八）一般饲料添加剂，是指为保证或者改善饲料品质、提高饲料利用率而掺入饲料中的少量或者微量物质。

（九）药物饲料添加剂，是指为预防、治疗动物疾病而掺入载体或者稀释剂的兽药的预混合物质。

（十）许可证明文件，是指新饲料、新饲料添加剂证书，饲料、饲料添加剂进口登记证，饲料、饲料添加剂生产许可证，饲料添加剂、添加剂预混合饲料产品批准文号。

第五十条 药物饲料添加剂的管理，依照《兽药管理条例》的规定执行。

第五十一条 本条例自 2012 年 5 月 1 日起施行。

进口饲料和饲料添加剂登记管理办法

中华人民共和国农业部令

2014 年第 2 号

《进口饲料和饲料添加剂登记管理办法》业经 2013 年 12 月 27 日农业部第 11 次常务会议审议通过，现予公布，自 2014 年 7 月 1 日起施行。农业部 2000 年 8 月 17 日公布、2004 年 7 月 1 日修订的《进口饲料和饲料添加剂登记管理办法》同时废止。

部长　韩长赋

2014 年 1 月 13 日

进口饲料和饲料添加剂登记管理办法

第一条　为加强进口饲料、饲料添加剂监督管理，保障动物产品质量安全，根据《饲料和饲料添加剂管理条例》，制定本办法。

第二条　本办法所称饲料，是指经工业化加工、制作的供动物食用的产品，包括单一饲料、添加剂预混合饲料、浓缩饲料、配合饲料和精料补充料。本办法所称饲料添加剂，是指在饲料加工、制作、使用过程中添加的少量或者微量物质，包括营养性饲料添加剂和一般饲料添加剂。

第三条　境外企业首次向中国出口饲料、饲料添加剂，应当向农业部申请进口登记，取得饲料、饲料添加剂进口登记证；未取得进口登记证的，不得在中国境内销售、使用。

第四条　境外企业申请进口登记，应当委托中国境内代理机构办理。

第五条　申请进口登记的饲料、饲料添加剂，应当符合生产地和中国的相关法律法规、技术规范的要求。生产地未批准生产、使用或者禁止生产、使用的饲料、饲料添加剂，不予登记。

第六条　申请饲料、饲料添加剂进口登记，应当向农业部提交真实、完整、规范的申请资料（中英文对照，一式两份）和样品。

第七条　申请资料包括：

（一）饲料、饲料添加剂进口登记申请表；

（二）委托书和境内代理机构资质证明：境外企业委托其常驻中国代表机构代理登记的，应当提供委托书原件和《外国企业常驻中国代表机构登记证》复印件；委托境内其他机构代理登记的，应当提供委托书原件和代理机构法人营业执照复印件；

（三）生产地批准生产、使用的证明，生产地以外其他国家、地区的登记资料，产品推广应用情况；

（四）进口饲料的产品名称、组成成分、理化性质、适用范围、使用方法；进口饲料添加剂的产品名称、主要成分、理化性质、产品来源、使用目的、适用范围、使用方法；

（五）生产工艺、质量标准、检测方法和检验报告；

（六）生产地使用的标签、商标和中文标签式样；

（七）微生物产品或者发酵制品，还应当提供权威机构出具的菌株保藏证明。

向中国出口本办法第十三条规定的饲料、饲料添加剂的，还应当提交以下申请资料：

（一）有效组分的化学结构鉴定报告或动物、植物、微生物的分类鉴定报告；

（二）农业部指定的试验机构出具的产品有效性评价试验报告、安全性评价试验报告（包括靶动物耐受性评价报告、毒理学安全评价报告、代谢和残留评价报告等）；申请饲料添加剂进口登记的，还应当提供该饲料添加剂在养殖产品中的残留可能对人体健康造成影响的分析评价报告；

（三）稳定性试验报告、环境影响报告；

（四）在饲料产品中有最高限量要求的，还应当提供最高限量值和有效组分在饲料产品中的检测方法。

第八条 产品样品应当符合以下要求：

（一）每个产品提供 3 个批次、每个批次 2 份的样品，每份样品不少于检测需要量的 5 倍；

（二）必要时提供相关的标准品或者化学对照品。

第九条 农业部自受理申请之日起 10 个工作日内对申请资料进行审查；审查合格的，通知申请人将样品交由农业部指定的检验机构进行复核检测。

第十条 复核检测包括质量标准复核和样品检测。检测方法有国家标准和行业标准的，优先采用国家标准或者行业标准；没有国家标准和行业标准的，采用申请人提供的检测方法；必要时，检验机构可以根据实际情况对检测方法进行调整。检验机构应当在 3 个月内完成复核检测工作，并将复核检测报告报送农业部，同时抄送申请人。

第十一条 境外企业对复核检测结果有异议的，应当自收到复核检测报告之日起 15 个工作日内申请复检。

第十二条 复核检测合格的，农业部在 10 个工作日内核发饲料、饲料添加剂进口登记证，并予以公告。

第十三条 申请进口登记的饲料、饲料添加剂有下列情形之一的，由农业部依照新饲料、新饲料添加剂的评审程序组织评审：

（一）向中国出口中国境内尚未使用但生产地已经批准生产和使用的饲料、饲料添加剂的；

（二）饲料添加剂扩大适用范围的；

（三）饲料添加剂含量规格低于饲料添加剂安全使用规范要求的，但由饲料添加剂与载体或者稀释剂按照一定比例配制的除外；

（四）饲料添加剂生产工艺发生重大变化的；

（五）农业部已核发新饲料、新饲料添加剂证书的产品，自获证之日起超过3年未投入生产的；

（六）存在质量安全风险的其他情形。

第十四条　饲料、饲料添加剂进口登记证有效期为5年。饲料、饲料添加剂进口登记证有效期满需要继续向中国出口饲料、饲料添加剂的，应当在有效期届满6个月前申请续展。

第十五条　申请续展应当提供以下资料：

（一）进口饲料、饲料添加剂续展登记申请表；

（二）进口登记证复印件；

（三）委托书和境内代理机构资质证明；

（四）生产地批准生产、使用的证明；

（五）质量标准、检测方法和检验报告；

（六）生产地使用的标签、商标和中文标签式样。

第十六条　有下列情形之一的，申请续展时还应当提交样品进行复核检测：

（一）根据相关法律法规、技术规范，需要对产品质量安全检测项目进行调整的；

（二）产品检测方法发生改变的；

（三）监督抽查中有不合格记录的。

第十七条　进口登记证有效期内，进口饲料、饲料添加剂的生产场所迁址，或者产品质量标准、生产工艺、适用范围等发生变化的，应当重新申请登记。

第十八条　进口饲料、饲料添加剂在进口登记证有效期内有下列情形之一的，应当申请变更登记：

（一）产品的中文或外文商品名称改变的；

（二）申请企业名称改变的；

（三）生产厂家名称改变的；

（四）生产地址名称改变的。

第十九条　申请变更登记应当提供以下资料：

（一）进口饲料、饲料添加剂变更登记申请表；

（二）委托书和境内代理机构资质证明；

（三）进口登记证原件；

（四）变更说明及相关证明文件。

农业部在受理变更登记申请后10个工作日内作出是否准予变更的决定。

第二十条　从事进口饲料、饲料添加剂登记工作的相关单位和人员，应当对申请人提交的需要保密的技术资料保密。

第二十一条　境外企业应当依法在中国境内设立销售机构或者委托符合条件的中国境内代理机构销售进口饲料、饲料添加剂。境外企业不得直接在中国境内销售进口饲料、饲料添加剂。

第二十二条　境外企业应当在取得饲料、饲料添加剂进口登记证之日起 6 个月内，在中国境内设立销售机构或者委托销售代理机构并报农业部备案。前款规定的销售机构或者销售代理机构发生变更的，应当在 1 个月内报农业部重新备案。

第二十三条　进口饲料、饲料添加剂应当包装，包装应当符合中国有关安全、卫生的规定，并附具符合规定的中文标签。

第二十四条　进口饲料、饲料添加剂在使用过程中被证实对养殖动物、人体健康或环境有害的，由农业部公告禁用并撤销进口登记证。饲料、饲料添加剂进口登记证有效期内，生产地禁止使用该饲料、饲料添加剂产品或者撤销其生产、使用许可的，境外企业应当立即向农业部报告，由农业部撤销进口登记证并公告。

第二十五条　境外企业发现其向中国出口的饲料、饲料添加剂对养殖动物、人体健康有害或者存在其他安全隐患的，应当立即通知其在中国境内的销售机构或者销售代理机构，并向农业部报告。境外企业在中国境内的销售机构或者销售代理机构应当主动召回前款规定的产品，记录召回情况，并向销售地饲料管理部门报告。召回的产品应当在县级以上地方人民政府饲料管理部门监督下予以无害化处理或者销毁。

第二十六条　农业部和县级以上地方人民政府饲料管理部门，应当根据需要定期或者不定期组织实施进口饲料、饲料添加剂监督抽查；进口饲料、饲料添加剂监督抽查检测工作由农业部或者省、自治区、直辖市人民政府饲料管理部门指定的具有相应技术条件的机构承担。进口饲料、饲料添加剂监督抽查检测，依据进口登记过程中复核检测确定的质量标准进行。

第二十七条　农业部和省级人民政府饲料管理部门应当及时公布监督抽查结果，并可以公布具有不良记录的境外企业及其销售机构、销售代理机构名单。

第二十八条　从事进口饲料、饲料添加剂登记工作的相关人员，不履行本办法规定的职责或者滥用职权、玩忽职守、徇私舞弊的，依法给予处分；构成犯罪的，依法追究刑事责任。

第二十九条　提供虚假资料、样品或者采取其他欺骗手段申请进口登记的，农业部对该申请不予受理或者不予批准，1 年内不再受理该境外企业和登记代理机构的进口登记申请。提供虚假资料、样品或者采取其他欺骗方式取得饲料、饲料添加剂进口登记证的，由农业部撤销进口登记证，对登记代理机构处 5 万元以上 10 万元以下罚款，3 年内不再受理该境外企业和登记代理机构的进口登记申请。

第三十条　其他违反本办法的行为，依照《饲料和饲料添加剂管理条例》的有关规定处罚。

第三十一条　本办法自 2014 年 7 月 1 日起施行。农业部 2000 年 8 月 17 日公布、2004 年 7 月 1 日修订的《进口饲料和饲料添加剂登记管理办法》同时废止。

中华人民共和国农业部公告

第 2109 号*

为进一步规范进口饲料和饲料添加剂登记、新饲料和新饲料添加剂审定工作，指导行政许可申请人正确理解审批要求，根据《饲料和饲料添加剂管理条例》（国务院令第 609 号）及其配套规章，我部制定了《进口饲料和饲料添加剂登记申请材料要求》《进口饲料和饲料添加剂续展登记申请材料要求》《进口饲料和饲料添加剂变更登记申请材料要求》《新饲料添加剂申报材料要求》，现予公布，自 2014 年 7 月 1 日起施行。农业部 2006 年 2 月 28 日发布的第 611 号公告同时废止。

特此公告。

农业部

2014 年 6 月 5 日

附件 1

进口饲料和饲料添加剂登记申请材料要求

一、登记范围

由境外企业生产的、首次向中国境内出口的饲料和饲料添加剂。我国香港、澳门特别行政区和台湾生产的饲料和饲料添加剂产品参照本要求申请登记。

本要求所指的饲料，是指经工业化加工、制作的供动物食用的产品，包括单一饲料、添加剂预混合饲料、浓缩饲料、配合饲料和精料补充料。

本要求所指的饲料添加剂，是指在饲料加工、制作、使用过程中添加的少量或者微量物质，包括营养性饲料添加剂和一般饲料添加剂。

二、申请材料格式要求

（一）申请材料见《进口饲料和饲料添加剂登记申请材料一览表》（表 1，以下简称《一览表》）。

（二）申请材料中、英文对照，中文在前，英文在后；我国香港、澳门特别行政区和台湾的登记申请，仅需提供简体中文申请材料。申请材料一式两份，原件和复印件各一份。

（三）申请材料中的官方证明文件使用生产地官方语言出具，由非英语国家（地区）

---

* 因该版本的附件 4《新饲料添加剂申报材料要求》已被后续发布的文件废止，故不在书中列出，以后续最新发布的材料为准。

出具的官方证明文件还应提供英文或中文翻译件。

（四）申请材料原件使用生产企业文头纸出具，由生产企业负责人签字并加盖公章；中文翻译件由中国境内代理机构出具并加盖公章。

（五）中文翻译件使用 A₄ 规格纸、小三号宋体打印，内容清晰、整洁、无涂改。

（六）申请材料按《一览表》的顺序装订成册，标注页码并形成目录，各项材料之间使用明显的区分标志。装订过程中，不得拆分官方证明文件。

（七）前次申请未予批准的，再次提交材料时应当提供《农业部行政审批综合办公办结通知书》复印件，并附修改说明。

（八）材料中不得夹带与申请无关的信息。

三、申请表填写要求

《进口饲料和饲料添加剂登记申请表》（表 2）使用中、英文对照填写，由申请企业负责人和境内代理机构负责人签字并加盖公章。

（一）商品名称：生产地销售时使用的商品名称和在中国销售时拟使用的中文商品名称。中文商品名称应简明、易懂，符合中文语言习惯，不得全部使用外文字母、符号、汉语拼音和数字表示。

（二）通用名称：能够反映饲料和饲料添加剂产品的真实属性，符合《饲料标签》（GB 10648）标准规定。

（三）产品类别：按照单一饲料、添加剂预混合饲料、浓缩饲料、配合饲料、精料补充料、饲料添加剂、混合型饲料添加剂分类填写。

混合型饲料添加剂是指由一种或一种以上饲料添加剂与载体或稀释剂按一定比例混合，但不属于添加剂预混合饲料的饲料添加剂产品。

（四）感官：产品的颜色、气味、形状（粉末、颗粒、块状等）和状态（固态、液态等）。

（五）技术指标：按照产品的质量标准，填写产品理化指标和卫生指标及其控制值。

（六）使用方法：产品的适用范围、用法、添加量和注意事项。

（七）生产厂家：产品的生产企业名称和生产地址。工船加工的鱼粉，填写工船名称及编号。

（八）申请企业：一般与生产厂家名称和生产地址相同，也可填写总公司名称和地址。工船加工的鱼粉，填写总公司名称和地址。

（九）境内代理机构：办理登记的代理机构名称、通讯地址、邮政编码、联系人、联系电话及传真。

四、申请材料内容要求

（一）境内代理机构资质证明

1. 境外企业委托其常驻中国代表机构申请进口登记的，提供《外国企业常驻中国代表机构登记证》复印件并加盖公章。

2. 境外企业委托其他境内代理机构申请进口登记的，提供代理机构《企业法人营业执照》复印件并加盖企业公章。

（二）委托书

委托书由境外企业出具、负责人签署并经生产地第三方公证机构公证。委托书内容应包括委托和受托单位名称及地址、委托事项、委托办理登记产品的商品名称等信息。

（三）生产地批准生产、使用的证明

1. 申请登记的产品及其主要成分在生产地允许作为饲料、饲料添加剂生产、使用的证明文件。

2. 生产地官方机构出具的允许生产企业生产该饲料、饲料添加剂的证明文件。

3. 生产地官方机构出具的自由销售证明，证明应包含产品的商品名称、生产企业名称和地址等内容，并声明该产品在生产地生产、销售和使用不受限制。

4. 官方证明文件应由中国驻生产地使馆认证，由非英语国家（地区）出具的官方证明文件应将官方证明文件和中文或英文翻译件一并公证。

（四）产品理化性质

包括感官性状（色、味、存在状态等）和物理化学参数（如沸点、熔点、比重、折光率、在常见溶媒中的溶解度、对光或热的稳定性等）。

（五）产品来源、组成成分

1. 产品来源：说明产品的动物性、植物性来源或化工合成使用的初始原料。微生物产品或发酵制品，还应提供由生产地认证的机构出具的菌种保藏证明文件。证明文件中应包括菌种的属名、种名和菌株保藏编号等信息。

2. 组成成分：产品的原料组成或有效组分。

使用转基因原料或采用转基因技术生产的，应按照中国转基因管理的有关规定获得批准。

（六）制造方法

包括生产工艺流程图和文字说明。生产工艺流程图应体现生产过程的完整步骤；文字说明应体现工艺流程中的技术条件和加工方法、所用的原料和设备、生产过程和步骤。微生物产品或发酵制品，还应说明使用的培养基成分。

（七）质量标准和检测方法

1. 质量标准：包括理化指标和卫生指标及其控制值，并符合生产地和中国相关法律法规和技术规范的要求。

2. 检测方法：采用国际标准化组织/国际电工委员会（ISO/IEC）、美国公职化学分析家协会（AOAC）等国际标准的，应标明标准编码；采用其他检测方法的，应提供详细的检测操作规程。

申报产品存在二噁英风险的，应提供由生产地认证的检测机构出具的二噁英检测报告。

（八）生产地使用的标签、中文标签式样和商标

1. 生产地使用的标签：在生产地使用的标签实样或清晰的标签照片。

2. 中文标签式样：拟使用的中文标签，标签应符合《饲料标签》（GB 10648）标准的规定。

3. 商标：已在中国注册商标的，提供商标式样。

（九）使用目的、适用范围和使用方法

详细说明产品的功能用途、适用范围、添加量及使用时的注意事项。产品在使用过程中有最高限量要求的，还应当提供最高限量值。

（十）包装材料、包装规格、保质期和贮存条件

说明产品所使用的包装材料、单位包装的净含量、保质期、贮存条件和贮存注意事项。

（十一）生产地以外其他国家、地区的登记材料和产品推广应用情况

产品在其他国家、地区获得进口许可的，还应提供相关登记许可证明文件复印件，并简要描述在生产地及其他国家、地区的推广应用情况。

（十二）需技术评审的产品还应提交以下申请材料

1. 有效组分的化学结构鉴定报告或动物、植物、微生物的分类鉴定报告

化学上可定义物质：应准确鉴定申报产品的有效组分，并说明确认实验所用主要仪器和测试方法。例如，红外光谱、紫外光谱、质谱、核磁共振、化学官能团的特征反应等。鉴定报告应由生产地认证的机构或中国省部级以上大专院校、科研单位、检测机构等出具。

酶制剂：应提供能够证明酶制剂来源与结构的鉴定报告。鉴定报告应由生产地认证的机构或中国省部级以上大专院校、科研单位、检测机构等出具。

微生物：应通过菌株的形态学、生理生化特性、分子生物学特性等方法，鉴定至少到种。菌种鉴定报告应由国际公认的菌种保藏机构出具。

微生物发酵制品：应提供前款所述微生物的菌种鉴定报告。

上述鉴定报告出具机构不得与申报产品的研制单位、生产企业存在利害关系。

2. 有效性评价试验报告

对于需要通过靶动物试验评定有效性的产品，应提供由农业部指定的评价试验机构出具的试验报告；靶动物有效性试验应按照农业部发布的技术指南或国家、行业标准进行。农业部技术指南、国家或行业标准规定的可以进行数据外推的情形除外。

对于不需要通过靶动物试验评定有效性的产品，应根据产品用途，提供依据规范或公认的方法测定的特性效力的试验报告，如抗氧化剂效力和防霉剂效力测试等。试验应选取申报产品适用饲料类别中的代表性产品进行。试验报告应由中国省部级以上大专院校、科研单位或检测机构等出具。

上述报告出具机构不得与申报产品的研制单位、生产企业存在利害关系。

3. 安全性评价试验报告

包括靶动物耐受性评价报告、毒理学安全评价报告、代谢和残留评价报告、菌株安全

性评价报告。应提供由农业部指定的评价试验机构出具的报告，评价试验应按照农业部发布的技术指南或国家、行业标准进行。农业部暂未发布指南或暂无国家、行业标准的，可以参照世界卫生组织（WHO）、国际食品法典委员会（CAC）、经济合作与发展组织（OECD）等国际组织发布的规范或指南进行。安全性评价报告的出具机构不得与申报产品的研制单位、生产企业存在利害关系。

（1）靶动物耐受性评价报告

所有饲料添加剂均应提供靶动物耐受性评价报告。农业部技术指南、国家或行业标准规定的可以进行数据外推的情形除外。

（2）毒理学安全评价报告

包括急性毒性试验、遗传毒性试验、传统致畸试验、30天喂养试验，亚慢性毒性试验，慢性毒性试验（包括致癌试验）。企业应根据产品特性，按照农业部技术指南或国家、行业标准的规定选择需要开展的试验种类。

毒理学数据可采用国际组织（如联合国粮农组织和世界卫生组织下设的食品添加剂联合专家委员会（JECFA）等）或由通过良好实验规范（GLP）认证的实验室进行并公开发布的数据，但应保证评价对象的一致性。

（3）代谢和残留评价报告

化合物应进行代谢和残留评价，但以下情形除外：

——在饲用物质中天然存在并具有较高含量；

——化合物或代谢残留物是动物体液或组织的正常成分；

——可被证明是原形排泄或不被吸收；

——是以体内化合物的生理模式和生理水平被吸收；

——农业部技术指南、国家或行业标准规定的数据外推情形。

代谢和残留数据可采用国际组织（如WHO、联合国粮农组织（FAO）等）或由通过良好试验规范（GLP）认证的试验室进行并公开发布的数据，但应保证评价对象的一致性。

（4）菌株安全性评价报告

对于微生物及其发酵制品，应进行生产菌株安全性评价。公认安全的菌株除外。

4. 对人体健康造成影响的分析报告

应根据有效性和安全性评价试验结果以及相关产品信息，参照风险评估的方法就饲料添加剂对人体健康造成的影响进行评估分析，形成报告。

5. 产品稳定性试验报告

稳定性试验包括影响因素试验、加速试验和长期稳定性试验。应提供按照农业部相关技术指南开展的稳定性试验的报告。

6. 环境影响报告

应说明生产过程中产生的"三废"及处理措施。

7. 最高限量值和有效组分在饲料产品中的检测方法

在饲料产品中有最高限量要求的，应提供最高限量值和有效组分在饲料产品中的检测方法。

8. 主要参考文献

产品开发、研制和生产中参考的文献。

五、质量复核检测要求

申请人在收到受理通知单后，应当在15个工作日内将受理通知单、产品样品和检测报告送交农业部指定的检测机构进行产品质量复核检测。每个产品提供3个不同批次的样品和对应的检测报告，每个批次2份样品；每份样品不少于检测需要量的5倍。

复核检测费用由申请人承担。必要时，申请人应配合提供检测需要的标准品或化学对照品。

表1　进口饲料和饲料添加剂登记申请材料一览表

序号	申请材料	不需评审产品	需评审产品
1	目录	√	√
2	进口饲料和饲料添加剂登记申请表	√	√
3	境内代理机构资质证明	√	√
4	委托书	√	√
5	生产地批准生产、使用的证明	√	√
6	产品理化性质	√	√
7	产品来源、组成成分	√	√
8	制造方法	√	√
9	质量标准和检测方法	√	√
10	生产地使用的标签、中文标签式样和商标	√	√
11	使用目的、适用范围和使用方法	√	√
12	包装材料、包装规格、保质期和贮存条件	√	√
13	生产地以外其他国家、地区的登记材料和产品推广应用情况	√	√
14	有效组分的化学结构鉴定报告或动物、植物、微生物的分类鉴定报告		√
15	有效性评价试验报告		√
16	安全性评价试验报告		√
17	对人体健康造成影响的分析报告		√
18	产品稳定性试验报告		√
19	环境影响报告		√
20	最高限量值和有效组分在饲料产品中的检测方法		√
21	主要参考文献		√

注："√"表示必需的申请材料。

表 2　进口饲料和饲料添加剂登记申请表

Applicant Form for Registration of Import Feed or Feed Additives

商品名称： Trade Name	通用名称： Common Name
产品类别： Product Classification	感官： Organoleptic Quality
技术指标： Guaranteed Analysis and Hygienic Index	
使用方法： Usage and Dosage	
生产厂家： Manufactory	
申请企业： Applicant Company	
境内代理机构： Domestic Agent	
申请企业负责人签字： Signature of Applicant Company 公章（Seal）	境内代理机构负责人签字： Signature of Domestic Agent 公章（Seal）

1. 境内代理机构应当如实向农业部提交有关材料，对翻译材料的准确性负责。

2. 境外企业、境内代理机构隐瞒有关情况或者提供虚假材料的，按照《进口饲料和饲料添加剂登记管理办法》第二十九条规定承担相应的法律责任。

1. The domestic agent should submit the genuine documents to the MOA and take full responsibility for the accuracy of the translations.

2. According to Article 29 of the Measures for *the Administration of Registration of Import Feed and Feed Additives*，foreign company and domestic agent have to bear corresponding legal liabilities if they hide relevant information on purpose or provide forged documents.

附件 2

进口饲料和饲料添加剂续展登记申请材料要求

一、登记范围

进口登记证期满后，境外企业仍需继续在中国境内销售产品的，应当在进口登记证有效期届满 6 个月前申请续展登记。

二、申请材料格式要求

（一）申请材料见《进口饲料和饲料添加剂续展登记申请材料一览表》（表 1，以下简称《一览表》。

（二）申请材料中、英文对照，中文在前，英文在后；我国香港、澳门特别行政区和台湾的登记申请，仅需提供简体中文申请材料。申请材料一式两份，原件和复印件各一份。

（三）申请材料中的官方证明文件使用生产地官方语言出具，由非英语国家（地区）出具的官方证明文件还应提供英文或中文翻译件。

（四）申请材料原件使用生产企业文头纸出具，由生产企业负责人签字并加盖公章；中文翻译件由中国境内代理机构出具并加盖公章。

（五）中文翻译件使用 A$_4$ 规格纸、小三号宋体打印，内容清晰、整洁、无涂改。

（六）申请材料按《一览表》的顺序装订成册，标注页码并形成目录，各项材料之间使用明显的区分标志。装订过程中，不得拆分官方证明文件。

（七）前次申请未予批准的，再次提交材料时应当提供《农业部行政审批综合办公办结通知书》复印件，并附修改说明。

（八）材料中不得夹带与申请无关的信息。

三、申请表填写要求

《进口饲料和饲料添加剂续展登记申请表》（表2）使用中、英文对照填写，由申请企业负责人和境内代理机构负责人签字并加盖公章。

（一）登记证号、商品名称、通用名称、发证日期：按照原进口登记证上的内容填写。

（二）境内销售代理商：指境外企业在中国境内设立的销售机构和直接从境外企业购买产品自用或者销售的国内一级代理商。信息内容包括企业或代理商名称、通讯地址、邮政编码、负责人姓名、联系电话、传真。有多家境内销售代理商的，应全部列出。

（三）境内代理机构：办理续展登记的代理机构名称、通讯地址、邮政编码、联系人、联系电话及传真。

（四）变更事项：办理续展登记时，境外企业可以根据需要同时办理变更事项。有变更要求的，应在相应的事项栏前划"√"，并填写变更信息。

四、申请材料内容要求

（一）进口登记证

进口登记证复印件。

（二）境内代理机构资质证明

1. 境外企业委托其常驻中国代表机构申请续展登记的，提供《外国企业常驻中国代表机构登记证》复印件并加盖公章。

2. 境外企业委托其他境内代理机构申请续展登记的，提供代理机构《企业法人营业执照》复印件并加盖企业公章。

（三）委托书

委托书由境外企业出具、负责人签署并经生产地第三方公证机构公证。委托书内容应包括委托和受托单位名称及地址、委托事项、委托办理续展登记产品的商品名称等信息。

（四）生产地批准生产、使用的证明

1. 申请登记的产品及其主要成分在生产地允许作为饲料、饲料添加剂生产、使用的证明文件。

2. 生产地官方机构出具的允许生产企业生产该饲料、饲料添加剂的证明文件。

3. 生产地官方机构出具的自由销售证明，证明应包含产品的商品名称、生产企业名称和地址等内容，并声明该产品在生产地生产、销售和使用不受限制。

4. 官方证明文件应由中国驻生产地使馆认证，由非英语国家出具的官方证明文件应将官方证明文件和中文或英文翻译件一并公证。

（五）质量标准、检测方法和质量检测报告

1. 质量标准：包括理化指标和卫生指标及其控制值，并符合生产地和中国相关法律法规和技术规范的要求。

2. 检测方法：采用国际标准化组织/国际电工委员会（ISO/IEC）、美国公职化学分析家协会（AOAC）等国际标准的，应标明标准编码；采用其他检测方法的，应提供详细的检验操作规程。

3. 每个产品提供 3 个批次样品的质量检测报告。申报产品存在二噁英风险的，还应提供由生产地认证的检测机构出具的二噁英检测报告。

（六）生产地使用的标签、中文标签和商标

1. 生产地使用的标签：在生产地使用的标签实样或清晰的标签照片。

2. 中文标签：在中国境内使用的中文标签实样或清晰的标签照片。

3. 商标：已在中国注册商标的，提供商标式样。

（七）变更说明

由生产厂家出具，具体说明变更的内容、原因。

（八）官方证明文件

生产地官方机构允许变更相关内容的文件。证明文件应由中国驻生产地使馆认证。

五、质量复核检测要求

申报产品符合《进口饲料和饲料添加剂登记管理办法》第十六条规定的，续展时还应提交样品进行复核检测。

申请人在收到受理通知单后，应当在 15 个工作日内将受理通知单、产品样品和检测报告送交农业部指定的检测机构进行产品质量复核检测。每个产品提供 3 个不同批次的样品和对应的检测报告，每个批次 2 份样品；每份样品不少于检测需要量的 5 倍。

复核检测费用由申请人承担。必要时，申请人应配合提供检测机构需要的标准品或化学对照品。

表1 进口饲料和饲料添加剂续展登记申请材料一览表

序号	申请材料	无变更要求	有变更要求
1	目录	√	√
2	进口饲料和饲料添加剂续展登记申请表	√	√
3	进口登记证	√	√
4	境内代理机构资质证明	√	√
5	委托书	√	√
6	生产地批准生产、使用的证明	√	√
7	质量标准、检测方法和质量检测报告	√	√
8	生产地使用的标签、中文标签和商标	√	√
9	变更说明		√
10	官方证明文件		√

注:"√"表示必需的申请材料。

表2 进口饲料和饲料添加剂续展登记申请表

Applicant Form for Re‑registration of Import Feed and Feed Additives

商品名称: Trade Name		通用名称: Common Name	
登记证号: Number of Former License		发证日期: Date Issued	
境内销售代理商: Domestic Sale Agent			
境内代理机构: Domestic Agent			
变更事项: Alteration		变更后名称: Present Name	
□ 产品的中文或外文商品名称: (Name of the Product)			
□ 申请企业名称: (Name of the Applicant Company)			
□ 生产厂家名称: (Name of the Manufactory)			
□ 生产地址名称: (Name of the Manufactory Address)			

（续）

申请企业负责人签字： Signature of Applicant Company	境内代理机构负责人签字： Signature of Domestic Agent
盖章：（Seal）	盖章：（Seal）

1. 境内代理机构应当如实向农业部提交有关材料，对翻译材料的准确性负责。

2. 境外企业、境内代理机构隐瞒有关情况或者提供虚假材料的，按照《进口饲料和饲料添加剂登记管理办法》第二十九条规定承担相应的法律责任。

1. The domestic agent should submit the genuine documents to the MOA and take full responsibility for the accuracy of the translations.

2. According to Article 29 of *the Measures for the Administration of Registration of Import Feed and Feed Additives*, foreign company and domestic agent have to bear corresponding legal liabilities if they hide relevant information on purpose or provide forged documents.

附件 3

进口饲料和饲料添加剂变更登记申请材料要求

一、登记范围

进口登记证有效期内，获证企业改变产品的中文或外文商品名称、申请企业名称、生产厂家名称、生产地址名称的，应申请变更登记。

二、申请材料格式要求

（一）申请材料见《进口饲料和饲料添加剂变更登记申请材料一览表》（表1，以下简称《一览表》）。

（二）申请材料中、英文对照，中文在前，英文在后；我国香港、澳门特别行政区和台湾的登记申请，仅需提供简体中文申请材料。申请材料一式两份，原件和复印件各一份。

（三）申请材料中的官方证明文件使用生产地官方语言出具，由非英语国家（地区）出具的官方证明文件还应提供英文或中文翻译件。

（四）申请材料原件使用生产企业文头纸出具，由生产企业负责人签字并加盖公章；中文翻译件由中国境内代理机构出具并加盖公章。

（五）中文翻译件使用 A₄ 规格纸、小三号宋体打印，内容清晰、整洁、无涂改。

（六）申请材料按《一览表》的顺序装订成册，标注页码并形成目录，各项材料之间使用明显的区分标志。装订过程中，不得拆分官方证明文件。

（七）前次申请未予批准的，再次提交材料时应当提供《农业部行政审批综合办公办结通知书》复印件，并附修改说明。

（八）材料中不得夹带与申请无关的信息。

三、申请表填写要求

《进口饲料和饲料添加剂变更登记申请表》（表2）使用中、英文对照填写，由申请企业负责人和境内代理机构负责人签字并加盖公章。

（一）登记证号、发证日期：按原进口登记证上的内容填写。

（二）变更事项：在相应的事项栏前划"√"。

（三）变更后名称：填写变更后的内容。

（四）境内代理机构：办理变更登记的代理机构名称、通讯地址、邮政编码、联系人、联系电话及传真。

四、申请材料内容要求

（一）进口登记证原件

（二）变更说明：由生产厂家出具，应说明变更的内容、原因。

（三）官方证明文件：生产地官方机构允许变更相关内容的文件。证明文件应由中国驻生产地使馆认证。

（四）境内代理机构资质证明

1. 境外企业委托其常驻中国代表机构申请变更登记的，提供《外国企业常驻中国代表机构登记证》复印件并加盖公章。

2. 境外企业委托其他境内代理机构申请变更登记的，提供代理机构《企业法人营业执照》复印件并加盖企业公章。

（五）委托书

委托书由境外企业出具、负责人签署并经生产地第三方公证机构公证。委托书内容应包括委托和受托单位名称及地址、委托事项、委托办理变更登记产品的商品名称等信息。

表1 进口饲料和饲料添加剂变更登记申请材料一览表

序号	申请材料
1	目录
2	进口饲料和饲料添加剂变更登记申请表
3	进口登记证原件
4	变更说明
5	官方证明文件
6	境内代理机构资质证明
7	委托书

表2　进口饲料和饲料添加剂变更登记申请表

Applicant Form for Alter Registration of Import Feed and Feed Additives

登记证号： Number of Former License	发证日期： Date Issued
变更事项： Alteration	变更后名称 Present Name
□ 产品的中文或外文商品名称： （Name of the Product）	
□ 申请企业名称： （Name of the Applicant Company）	
□ 生产厂家名称： （Name of the Manufactory）	
□ 生产地址名称： （Name of the Manufactory Address）	
境内代理机构： Domestic Agent	
申请单位负责人签字： Signature of Applicant Company 盖章：（Seal）	境内代理机构负责人签字： Signature of Domestic Agent 盖章（Seal）：

1. 境内代理机构应当如实向农业部提交有关材料，对翻译材料的准确性负责。

2. 境外企业、境内代理机构隐瞒有关情况或者提供虚假材料的，按照《进口饲料和饲料添加剂登记管理办法》第二十九条规定承担相应的法律责任。

1. The domestic agent should submit the genuine documents to the MOA and take full responsibility for the accuracy of the translations.

2. According to Article 29 of *the Measures for the Administration of Registration of Import Feed and Feed Additives*，foreign company and domestic agent have to bear corresponding legal liabilities if they hide relevant information on purpose or provide forged documents.

第四节

饲料添加剂安全使用规范

中华人民共和国农业部公告

第 2625 号

为切实加强饲料添加剂管理，保障饲料和饲料添加剂产品质量安全，促进饲料工业和养殖业持续健康发展，根据《饲料和饲料 添加剂管理条例》有关规定，我部对《饲料添加剂安全使用规范》（以下简称《规范》）进行了修订。现将有关事项公告如下。

一、各省、自治区、直辖市人民政府饲料管理部门实施饲料添 加剂（混合型饲料添加剂除外）生产许可应遵守本《规范》规定，不 得核发含量规格低于本《规范》或者生产工艺与本《规范》不一致 的饲料添加剂生产许可证明文件。

二、饲料企业和养殖者使用饲料添加剂产品时，应严格遵守"在配合饲料或全混合日粮中的最高限量"规定，不得超量使用饲 料添加剂；在实现满足动物营养需要、改善饲料品质等预期目标的 前提下，应采取积极措施减少饲料添加剂的用量。

三、饲料企业和养殖者使用《饲料添加剂品种目录》中铁、铜、锌、锰、碘、钴、硒、铬等微量元素饲料添加剂时，含同种元素的饲料 添加剂使用总量应遵守本《规范》中相应元素"在配合饲料或全混合日粮中的最高限量"规定。

四、仔猪（≤25 kg）配合饲料中锌元素的最高限量为 110 mg/kg，但在仔猪断奶后前两周特定阶段，允许在此基础上使用氧化锌或碱式氯化锌至 1 600 mg/kg（以锌元素计）。饲料企业生产仔猪断奶后前两周特定阶段配合饲料产品时，如在含锌 110 mg/kg 基础上使用氧化锌或碱式氯化锌，应在标签显著位置标明"本品仅限仔猪断奶后前两周使用"，未标明但实际含量超过 110 mg/kg 或者已标明但实际含量超过 1 600 mg/kg 的，按照超量使用饲料添加剂处理。

五、饲料企业和养殖者使用非蛋白氮类饲料添加剂，除应遵守本《规范》对单一品种的最高限量规定外，全混合日粮中所有非蛋白氮总量折算成粗蛋白当量不得超过日粮粗蛋白总量的 30%。

六、如无特殊说明，本《规范》"在配合饲料或全混合日粮中的推荐添加量""在配合饲料或全混合日粮中的最高限量"均以干物质含量 88% 为基础计算，最高限量均包含饲料原料本底值。

七、如无特殊说明，添加剂预混合饲料、浓缩饲料、精料补充料产品中的"推荐添加量""最高限量"按其在配合饲料或全混合日粮中的使用比例折算。

八、本公告自 2018 年 7 月 1 日起施行。2009 年 6 月 18 日发布的《饲料添加剂安全使用规范》(农业部公告第 1224 号)同时废止。

特此公告。

农业部

2017 年 12 月 15 日

附件

1. 氨基酸、氨基酸盐及其类似物 Amino acids, their salts and analogues

饲料添加剂安全使用规范

通用名称	英文名称	化学式或描述	来源	含量规格（%）以氨基酸盐计	含量规格（%）以氨基酸计	适用动物	在配合饲料或全混合日粮中的推荐用量（以氨基酸计，%）	在配合饲料或全混合日粮中的最高限量（以氨基酸计，%）	其他要求
L-赖氨酸盐酸盐	L - Lysine monohydrochloride	$NH_2(CH_2)_4CH(NH_2)COOH \cdot HCl$	发酵生产	≥98.5 （以干基计）	≥78.8 （以干基计）	养殖动物	0～0.5	—	—
L-赖氨酸硫酸盐及其发酵副产物（产自谷氨酸棒杆菌）	L - Lysine sulfate and its by - products from fermentation (Source: *Corynebacterium glutamicum*)	$[NH_2(CH_2)_4CH(NH_2)COOH]_2 \cdot H_2SO_4$	发酵生产	≥65.0 （以干基计）	≥51.0 （以干基计）	养殖动物	0～0.5	—	—
DL-蛋氨酸	DL - Methionine	$CH_3S(CH_2)_2CH(NH_2)COOH$	化学制备	—	≥98.5	养殖动物	0～0.2	鸡 0.9	—
L-苏氨酸	L - Threonine	$CH_3CH(OH)CH(NH_2)COOH$	发酵生产	—	≥97.5 （以干基计）	养殖动物	畜禽 0～0.3 鱼类 0～0.3 虾类 0～0.8	—	—
L-色氨酸	L - Tryptophan	$(C_8H_5NH)CH_2CH(NH_2)COOH$	发酵生产	—	≥98.0	养殖动物	畜禽 0～0.1 鱼类 0～0.1 虾类 0～0.3	—	—
蛋氨酸羟基类似物	Methionine hydroxy analogue	$C_5H_{10}O_3S$	化学制备	—	≥88.0 （以蛋氨酸羟基类似物计）	猪、鸡、牛和水产	猪 0～0.11 鸡 0～0.21 牛 0～0.27 （以蛋氨酸羟基类似物计）	鸡 0.9 （单独或同时使用，以蛋氨酸羟基类似物计）	—
蛋氨酸羟基类似物钙盐	Methionine hydroxy analogue calcium	$C_{10}H_{18}O_6S_2Ca$	化学制备	≥95.0 （以干基计）	≥84.0 （以蛋氨酸羟基类似物计，干基）	养殖动物	同上	同上	—

（续）

通用名称	英文名称	化学式或描述	来源	含量规格（%）		适用动物	在配合饲料或全混合日粮中的推荐用量（以氨基酸计,%）	在配合饲料或全混合日粮中的最高限量（以氨基酸计,%）	其他要求
				以氨基酸盐计	以氨基酸计				
N-羟甲基蛋氨酸钙	N - Hydroxymethyl methionine calcium	$(C_6H_{12}NO_3S)_2Ca$	化学制备	≥98.0	≥67.6（以蛋氨酸计）	反刍动物	牛 0~0.14（以蛋氨酸计）	—	—

2. 维生素及类维生素 Vitamins, provitamins, chemically well defined substances having a similar biological effect to vitamins

通用名称	英文名称	化学式或描述	来源	含量规格		适用动物	在配合饲料或全混合日粮中的推荐添加量（以维生素计）	在配合饲料或全混合日粮中的最高限量（以维生素计）	其他要求
				以化合物计	以维生素计				
维生素A乙酸酯	Vitamin A acetate	$C_{22}H_{32}O_2$	化学制备	—	粉剂 ≥5.0×10⁵ IU/g　油剂 ≥2.5×10⁶ IU/g	养殖动物	猪 1 300~4 000 IU/kg　肉鸡 2 700~8 000 IU/kg　蛋鸡 1 500~4 000 IU/kg　牛 2 000~4 000 IU/kg　羊 1 500~2 400 IU/kg　鱼类 1 000~4 000 IU/kg	仔猪 16 000 IU/kg　育肥猪 6 500 IU/kg　怀孕母猪 12 000 IU/kg　泌乳母猪 7 000 IU/kg　犊牛 25 000 IU/kg　育肥和泌乳牛 10 000 IU/kg　干乳牛 20 000 IU/kg　14 日龄以前的蛋鸡和肉鸡 20 000 IU/kg　14 日龄以后的蛋鸡和肉鸡 10 000 IU/kg　28 日龄前的肉用火鸡 20 000 IU/kg　28 日龄以后的火鸡 10 000 IU/kg（单独或同时使用）	—
维生素A棕榈酸酯	Vitamin A palmitate	$C_{36}H_{60}O_2$	化学制备	—	粉剂 ≥2.5×10⁵ IU/g　油剂 ≥1.7×10⁶ IU/g	养殖动物	同上	同上	—
β-胡萝卜素	beta - Carotene	$C_{40}H_{56}$	提取、发酵生产或化学制备	≥96.0%		养殖动物	奶牛 5~30 mg/kg（以β-胡萝卜素计）	—	—

（续）

通用名称	英文名称	化学式或描述	来源	含量规格		适用动物	在配合饲料或全混合日粮中的推荐添加量（以维生素计）	在配合饲料或全混合日粮中的最高限量（以维生素计）	其他要求
				以化合物计	以维生素计				
盐酸硫胺（维生素 B_1）	Thiamine hydrochloride (Vitamin B_1)	$C_{12}H_{17}ClN_4OS \cdot HCl$	化学制备	98.5%～101.0%（以干基计）	87.8%～90.0%（以干基计）	养殖动物	猪1～5 mg/kg 家禽1～5 mg/kg 鱼类5～20 mg/kg	—	—
硝酸硫胺（维生素 B_1）	Thiamine mononitrate (Vitamin B_1)	$C_{12}H_{17}N_5O_4S$	化学制备	98.0%～101.0%（以干基计）	90.1%～92.8%（以干基计）		同上	—	—
核黄素（维生素 B_2）	Riboflavin (Vitamin B_2)	$C_{17}H_{20}N_4O_6$	化学制备或发酵生产	—	98.0%～102.0% 96.0%～102.0% ≥80.0%（以干基计）	养殖动物	猪2～8 mg/kg 家禽2～8 mg/kg 鱼类10～25 mg/kg	—	—
盐酸吡哆醇（维生素 B_6）	Pyridoxine hydrochloride (Vitamin B_6)	$C_8H_{11}NO_3 \cdot HCl$	化学制备	98.0%～101.0%（以干基计）	80.7%～83.1%（以干基计）	养殖动物	猪1～3 mg/kg 家禽3～5 mg/kg 鱼类3～50 mg/kg	—	—
氰钴胺（维生素 B_{12}）	Cyanocobalamin (Vitamin B_{12})	$C_{63}H_{88}CoN_{14}O_{14}P$	发酵生产	—	≥96.0%（以干基计）	养殖动物	猪5～33 μg/kg 家禽3～12 μg/kg 鱼类10～20 μg/kg	—	—
L-抗坏血酸（维生素 C）	L - Ascorbic acid (Vitamin C)	$C_6H_8O_6$	化学制备或发酵生产	99.0%～101.0%		养殖动物	猪150～300 mg/kg 家禽50～200 mg/kg 犊牛125～500 mg/kg 罗非鱼、鲫 -鱼苗300 mg/kg -鱼种200 mg/kg 青鱼、虹鳟、蛙类100～150 mg/kg 草鱼、鲤300～500 mg/kg	—	—

（续）

通用名称	英文名称	化学式或描述	来源	含量规格（以化合物计）	含量规格（以维生素计）	适用动物	在配合饲料或全混合日粮中的推荐添加量（以维生素计）	在配合饲料或全混合日粮中的最高限量（以维生素计）	其他要求
L-抗坏血酸钙	Calcium L-ascorbate	$C_{12}H_{14}CaO_{12} \cdot 2H_2O$	化学制备	≥98.0%	≥80.5%	养殖动物	同上	—	—
L-抗坏血酸钠	Sodium L-ascorbate	$C_6H_7NaO_6$	化学制备或发酵生产	≥99.0%（以干基计）	≥88.0%（以干基计）	养殖动物	同上	—	—
L-抗坏血酸-2-磷酸酯	L-Ascorbyl-2-polyphosphate	—	化学制备	—	≥35.0%	养殖动物	同上	—	—
L-抗坏血酸-6-棕榈酸酯	6-Palmityl-L-ascorbic acid	$C_{22}H_{38}O_7$	化学制备	≥95.0%	≥40.3%	养殖动物	同上	—	—
维生素D₂	Vitamin D$_2$	$C_{28}H_{44}O$	化学制备	≥97.0%	≥4.0×10^7 IU/g	养殖动物	猪 150~500 IU/kg 牛 275~400 IU/kg 羊 150~500 IU/kg	猪 -仔猪乳料 10 000 IU/kg -其他猪 5 000 IU/kg 家禽 5 000 IU/kg	维生素D₂与维生素D₃不得同时使用
维生素D₃	Vitamin D$_3$	$C_{27}H_{44}O$	化学制备或提取	—	油剂 ≥1.0×10^6 IU/g 粉剂 ≥5.0×10^5 IU/g	养殖动物	猪 150~500 IU/kg 鸡 400~2 000 IU/kg 鸭 500~800 IU/kg 鹅 500~800 IU/kg 牛 275~450 IU/kg 羊 150~500 IU/kg 鱼类 500~2 000 IU/kg	牛 -犊牛代乳料 10 000 IU/kg -其他牛 4 000 IU/kg 羊 4 000 IU/kg 鱼类 3 000 IU/kg 其他动物 2 000 IU/kg	—
25-羟基胆钙化醇（25-羟基维生素D₃）	25-Hydroxy cholecalciferol (25-Hydroxy Vitamin D$_3$)	$C_{27}H_{44}O_2 \cdot H_2O$	化学制备	≥94.0%	—	猪、家禽	猪 3.75~12.5 μg/kg 鸡 10~50 μg/kg 鸭、鹅 12.5~20 μg/kg	猪 50 μg/kg 肉鸡、火鸡 100 μg/kg 其他家禽 80 μg/kg	1. 不得与维生素 D₂ 同时使用；2. 可与维生素 D₃ 同时使用，但两种代谢物在配合饲料中的总量不得超过：仔猪代乳料 250 μg/kg，其他猪 125 μg/kg，家禽 125 μg/kg；同时使用时，按40 IU维生素 D₃＝1 μg维生素 D₃ 的比例换算维生素 D₃ 的使用量

（续）

通用名称	英文名称	化学式或描述	来源	含量规格（以化合物计）	含量规格（以维生素计）	适用动物	在配合饲料或全混合日粮中的推荐添加量（以维生素计）	在配合饲料或全混合日粮中的最高限量（以维生素计）	其他要求
天然维生素E	Natural vitamin E	从天然食用植物油的副产物中提取的天然生育酚	提取	1. d-α-生育酚：E70 型，总生育酚≥70.0%，其中 d-α-生育酚≥95.0%；E50 型，总生育酚≥50.0%，其中 d-α-生育酚≥95.0%；2. d-α-醋酸生育酚浓缩物：总生育酚≥70.0%；3. d-α-醋酸生育酚：总生育酚 96.0%~102.0%；4. d-α-琥珀酸生育酚：总生育酚 96.0%~102.0%	—	养殖动物	猪 10~100 IU/kg 鸡 10~30 IU/kg 鸭 20~50 IU/kg 鹅 20~50 IU/kg 牛 15~60 IU/kg 羊 10~40 IU/kg 鱼类 30~120 IU/kg	—	—
DL-α-生育酚（维生素 E）	DL-α-Tocopherol (Vitamin E)	$C_{29}H_{50}O_2$	化学制备	—	96.0%~102.0%	养殖动物	同上	—	—
DL-α-生育酚乙酸酯（维生素 E）	DL-α-Tocopherol acetate (Vitamin E)	$C_{31}H_{52}O_3$	化学制备	油剂≥93.0% 粉剂≥50.0%	油剂≥930 IU/g 粉剂≥500 IU/g	养殖动物	同上	—	—
亚硫酸氢钠甲萘醌	Menadione sodium bisulfite (MSB)	$C_{11}H_8O_2 \cdot NaHSO_3 \cdot nH_2O$, $n=1\sim3$	化学制备	—	≥50.0%（以甲萘醌计）	养殖动物	猪 0.5 mg/kg 鸡 0.4~0.6 mg/kg 鸭 0.5 mg/kg 水产动物 2~16 mg/kg（以甲萘醌计）	—	—

（续）

通用名称	英文名称	化学式或描述	来源	含量规格		适用动物	在配合饲料或全混合日粮中的推荐添加量（以维生素计）	在配合饲料或全混合日粮中的最高限量（以维生素计）	其他要求
				以化合物计	以维生素计				
二甲基嘧啶醇亚硫酸甲萘醌	Menadione dimethyl pyrimidinol bisulfite (MPB)	$C_{17}H_{18}N_2O_6S$	化学制备	≥96.7%	≥44.0%（以甲萘醌计）	养殖动物	同上	猪 10 mg/kg 鸡 5 mg/kg（以甲萘醌计）	—
亚硫酸氢烟酰胺甲萘醌	Menadione nicotinamide bisulfite (MNB)	$C_{17}H_{16}N_2O_6S$	化学制备	≥96.0%	≥43.7%（以甲萘醌计）	养殖动物	同上	—	—
烟酸	Nicotinic acid	$C_6H_5NO_2$	化学制备	—	99.0%~100.5%（以干基计）	养殖动物	仔猪 20~40 mg/kg 生长肥育猪 20~30 mg/kg 蛋雏鸡 30~40 mg/kg 育成鸡 10~15 mg/kg 产蛋鸡 20~30 mg/kg 肉仔鸡 30~40 mg/kg 奶牛 50~60 mg/kg（精料补充料）鱼虾类 20~200 mg/kg	—	—
烟酰胺	Niacinamide	$C_6H_6N_2O$	化学制备	—	≥99.0%	养殖动物	同上	—	—
D-泛酸钙	D-Calcium pantothenate	$C_{18}H_{32}CaN_2O_{10}$	化学制备	98.0%~101.0%（以干基计）	90.2%~92.9%（以干基计）	养殖动物	仔猪 10~15 mg/kg 生长肥育猪 10~15 mg/kg 蛋雏鸡 10~15 mg/kg 育成蛋鸡 10~15 mg/kg 产蛋鸡 20~25 mg/kg 肉仔鸡 20~25 mg/kg 鱼类 20~50 mg/kg	—	—

（续）

通用名称	英文名称	化学式或描述	来源	含量规格		适用动物	在配合饲料或全混合日粮中的推荐添加量（以维生素计）	在配合饲料或全混合日粮中的最高限量（以维生素计）	其他要求
				以化合物计	以维生素计				
DL-泛酸钙	DL-Calcium pantothenate	$C_{18}H_{32}CaN_2O_{10}$	化学制备	≥99.0%	≥45.5%	养殖动物	仔猪 20～30 mg/kg 生长肥育猪 20～30 mg/kg 蛋雏鸡 20～30 mg/kg 育成蛋鸡 40～50 mg/kg 产蛋鸡 40～50 mg/kg 肉鸡 40～50 mg/kg 鱼类 40～100 mg/kg	—	—
叶酸	Folic acid	$C_{19}H_{19}N_7O_6$	化学制备	—	95.0%～102.0%（以干基计）	养殖动物	仔猪 0.6～0.7 mg/kg 生长肥育猪 0.3～0.6 mg/kg 雏鸡 0.6～0.7 mg/kg 育成蛋鸡 0.3～0.6 mg/kg 产蛋鸡 0.6～0.7 mg/kg 肉仔鸡 0.6～0.7 mg/kg 鱼类 1.0～2.0 mg/kg	—	—
D-生物素	D-Biotin	$C_{10}H_{16}N_2O_3S$	化学制备	—	≥97.5%	养殖动物	猪 0.2～0.5 mg/kg 蛋鸡 0.15～0.25 mg/kg 肉鸡 0.2～0.3 mg/kg 鱼类 0.05～0.15 mg/kg	—	—
氯化胆碱	Choline chloride	$C_5H_{14}NOCl$	化学制备	水剂 ≥70.0%或≥75.0% 粉剂 植物源性载体或植物源性载体为主的混合载体: ≥50.0%或≥60.0%或≥70.0% 二氧化硅为载体: ≥50.0% （粉剂以干基计）	水剂 ≥52.0%或≥55.0% 粉剂 植物源性载体或植物源性载体为主的混合载体: ≥37.0%或≥44.0%或≥52.0% 二氧化硅为载体: ≥37.0% （粉剂以干基计）	养殖动物	猪 200～1 300 mg/kg 鸡 450～1 500 mg/kg 鱼类 400～1 200 mg/kg	—	用于奶牛时，产品应作保护处理

（续）

通用名称	英文名称	化学式或描述	来源	含量规格		适用动物	在配合饲料或全混合日粮中的推荐添加量（以维生素计）	在配合饲料或全混合日粮中的最高限量（以维生素计）	其他要求
				以化合物计	以维生素计				
肌醇	Inositol	$C_6H_{12}O_6$	化学制备	—	≥97.0%（以干基计）	养殖动物	鲤科鱼 250～500 mg/kg；鲑、虹鳟 300～400 mg/kg；鳗 500 mg/kg；虾类 200～300 mg/kg	—	—
L-肉碱	L-Carnitine	$C_7H_{15}NO_3$	化学制备或发酵生产	—	97.0%～103.0%（以干基计）	养殖动物	猪 30～50 mg/kg（乳猪 300～500 mg/kg）；家禽 50～60 mg/kg（1周龄雏鸡 150 mg/kg）；鲤 5～10 mg/kg；虹鳟 15～120 mg/kg；鲑 45～95 mg/kg；其他鱼 5～100 mg/kg（以L-肉碱计）	猪 1 000 mg/kg；家禽 200 mg/kg；鱼类 2 500 mg/kg（单独或同时使用，以L-肉碱计）	—
L-肉碱盐酸盐	L-Carnitine hydrochloride	$C_7H_{15}NO_3 \cdot HCl$	化学制备或发酵生产	97.0%～103.0%（以干基计）	79.0%～83.8%（以干基计）		同上		
L-肉碱酒石酸盐	L-Carnitine-L-Tartrate	$C_{18}H_{36}N_2O_{12}$	化学制备	—	L-肉碱≥67.2%；酒石酸≥30.8%（以干基计）	宠物	按生产需要适量使用	犬 660 mg/kg；成年猫（除繁殖期之外）880 mg/kg（以L-肉碱计）	—

1. 使用维生素A也应遵守维生素A乙酸酯和维生素A棕榈酸酯的限量要求；
2. 由于测定方法存在精密度和准确度的问题，部分维生素类饲料添加剂的含量规格是范围值，若测量误差为正，则检测值可能超过100%，故部分维生素类饲料添加剂标明含量规格出现超过100%的情况。

3. 矿物元素及其络（螯）合物 Mineralsand their complexes (or chelates)

3.1 微量元素 Trace minerals

元素	化合物通用名称	化合物英文名称	化学式或描述	来源	含量规格（%）以化合物计	含量规格（%）以元素计	适用动物	在配合饲料或全混合日粮中的推荐添加量（以元素计，mg/kg）	在配合饲料或全混合日粮中的最高限量（以元素计，mg/kg）	其他要求
铁：来自以下化合物	硫酸亚铁	Ferrous sulfate	$FeSO_4 \cdot H_2O$	化学制备	≥91.3	≥30.0	养殖动物	猪 40~100 鸡 35~120 牛 10~50 羊 30~50 鱼类 30~200	仔猪（断奶前）250 mg/（头·日） 家禽 750 牛 750 羊 500	—
			$FeSO_4 \cdot 7H_2O$	化学制备	≥98.0	≥19.7			宠物 1 250 其他动物 750 （单独或同时使用）	
	富马酸亚铁	Ferrous fumarate	$FeH_2C_4O_4$	化学制备	≥93.0	≥29.3		同上		
	柠檬酸亚铁	Ferrous citrate	$Fe_3(C_6H_5O_7)_2$	化学制备	—	≥16.5		同上		
	乳酸亚铁	Ferrous lactate	$C_6H_{10}FeO_6 \cdot 3H_2O$	化学制备或发酵生产	≥97.0	≥18.9		同上		
铜：来自以下化合物	硫酸铜	Copper sulfate	$CuSO_4 \cdot H_2O$	化学制备	≥98.5	≥35.7	养殖动物	猪 3~6 家禽 0.4~10 牛 10 羊 7~10 鱼类 3~6	仔猪（≤25 kg）125 牛： -开始反刍之前的犊牛 15 -其他 30 绵羊 15 山羊 35 甲壳类动物 50 其他动物 25 （单独或同时使用）	—
			$CuSO_4 \cdot 5H_2O$	化学制备	≥98.5	≥25.1				
	碱式氯化铜	Basic copper chloride	$Cu_2(OH)_3Cl$	化学制备	≥98.0	≥58.1				
锌：来自以下化合物	硫酸锌		$ZnSO_4 \cdot H_2O$	化学制备	≥94.7	≥34.5		猪 40~80 肉鸡 55~120 蛋鸡 40~80 肉鸭 20~60		

（续）

元素	化合物通用名称	化合物英文名称	化学式或描述	来源	含量规格（%） 以化合物计	含量规格（%） 以元素计	适用动物	在配合饲料或全混合日粮中的推荐添加量（以元素计，mg/kg）	在配合饲料或全混合日粮中的最高限量（以元素计，mg/kg）	其他要求
锌：来自以下化合物	硫酸锌	Zinc sulfate	$ZnSO_4 \cdot 7H_2O$	化学制备	≥97.3	≥22.0	养殖动物	蛋鸭 30~60 鹅 60 肉牛 30 奶牛 40 鱼类 20~30 虾类 15		
	氧化锌	Zinc oxide	ZnO	化学制备	≥95.0	≥76.3	养殖动物	猪 43~80 肉鸡 80~120 肉牛 30 奶牛 40	猪： 仔猪（≤25 kg）110 母猪 100 仔猪 100 其他猪 80 犊牛代乳料 180 水产动物 150 宠物 200 其他动物 120 （单独或同时使用）	在仔猪断奶后前两周特定阶段，允许在110 mg/kg基础上使用碱式氯化锌或氧化锌至1 600 mg/kg（以配合饲料中同Zn元素计）
	蛋氨酸锌络（螯）合物	Zinc methionine complex (chelate)	$Zn(C_5H_{10}NO_2S)_2$（摩尔比 2:1） / $(C_5H_{10}NO_2SZn)HSO_4$（摩尔比 1:1）	化学制备（蛋氨酸与硫酸锌合成的摩尔比为2:1或1:1的产物）	— / —	锌17.2 蛋氨酸≥78.0 螯合率≥95 / 锌≥19.0 蛋氨酸≥42.0 螯合率≥35	养殖动物	猪 42~80 肉鸡 54~120 肉牛 30 奶牛 40		
锰：来自以下化合物	硫酸锰	Manganese sulfate	$MnSO_4 \cdot H_2O$	化学制备	≥98.0	≥31.8	养殖动物	猪 2~20 肉鸡 72~110 蛋鸡 40~85 肉鸭 40~90 蛋鸭 47~60 鹅 66 肉牛 20~40 奶牛 12 鱼类 2.4~13	鱼类 100 其他动物 150 （单独或同时使用）	—
	氧化锰	Manganese oxide	MnO	化学制备	≥99.0	≥76.6	养殖动物	猪 2~20 肉鸡 86~132		
	氯化锰	Manganese chloride	$MnCl_2 \cdot 4H_2O$	化学制备	≥98.0	≥27.2	养殖动物	猪 2~20 肉鸡 74~113		

（续）

元素	化合物通用名称	化合物英文名称	化学式或描述	来源	含量规格（%）以化合物计	含量规格（%）以元素计	适用动物	在配合饲料或全混合日粮中的推荐添加量（以元素计，mg/kg）	在配合饲料或全混合日粮中的最高限量（以元素计，mg/kg）	其他要求
碘：来自以下化合物	碘化钾	Potassium iodide	KI	化学制备	≥98.0（以干基计）	≥74.9（以干基计）	养殖动物	猪 0.14 家禽 0.1~1.0 牛 0.25~0.8 羊 0.1~2.0 水产动物 0.6~1.2	蛋鸡 5 奶牛 5 水产动物 20 其他动物 10（单独或同时使用）	—
	碘酸钾	Potassium iodate	KIO_3	化学制备	≥99.0	≥58.7	养殖动物	同上		
	碘酸钙	Calcium iodate	$Ca(IO_3)_2 \cdot H_2O$	化学制备	≥95.0（以$Ca(IO_3)_2$计）	≥61.8		同上		
钴：来自以下化合物	硫酸钴	Cobalt sulfate	$CoSO_4$ / $CoSO_4 \cdot H_2O$ / $CoSO_4 \cdot 7H_2O$	化学制备	≥98.0 / ≥96.5 / ≥97.5	≥37.2 / ≥33.0 / ≥20.5	养殖动物	牛、羊 0.1~0.3 鱼类 0~1	2（单独或同时使用）	—
	氯化钴	Cobalt chloride	$CoCl_2 \cdot H_2O$ / $CoCl_2 \cdot 6H_2O$	化学制备	≥98.0 / ≥96.8	≥39.1 / ≥24.0	养殖动物	同上		
	乙酸钴	Cobalt acetate	$Co(CH_3COO)_2$ / $Co(CH_3COO)_2 \cdot 4H_2O$	化学制备	≥98.0 / ≥98.0	≥32.6 / ≥23.1		牛、羊 0.1~0.4 鱼类 0~1.2		
	碳酸钴	Cobalt carbonate	$CoCO_3$	化学制备	≥98.0	≥48.5	反刍动物	牛、羊 0.1~0.3		
硒：来自以下化合物	亚硒酸钠	Sodium selenite	Na_2SeO_3	化学制备	≥98.0（以干基计）	≥44.7（以干基计）	养殖动物	畜禽 0.1~0.3 鱼虾类 0.1~0.3	0.5（单独或同时使用）	使用时应先制成预混剂，且标签上应标示最大硒含量
	酵母硒	Selenium yeast complex	酵母在含无机硒的培养基中发酵培养，将无机态硒转化生成有机硒	发酵生产	—	有机形态硒含量≥0.1	养殖动物	同上		产品需标示最大硒含量和有机硒含量，无机态硒含量不得超过总硒的2.0%

（续）

元素	化合物通用名称	化合物英文名称	化学式或描述	来源	含量规格（%）		适用动物	在配合饲料或全混合日粮中的推荐添加量（以元素计，mg/kg）	在配合饲料或全混合饲料或全混合日粮中的最高限量（以元素计，mg/kg）	其他要求
					以化合物计	以元素计				
铬：来自以下化合物	烟酸铬	Chromium nicotinate	Cr(—COO)$_3$	化学制备	≥98.0	≥12.0	猪	0~0.2	0.2（单独或同时使用）	饲料中铬的最高限量是指有机形态铬的添加限量
	吡啶甲酸铬	Chromium tripicolinate	Cr(—COO)$_3$	化学制备	≥98.0	12.2~12.4		同上		

3.2 常量元素 Macro minerals

元素	化合物通用名称	化合物英文名称	化学式或描述	来源	含量规格（%）		适用动物	在配合饲料或全混合日粮中的推荐添加量（%）	在配合饲料或全混合日粮中的最高限量（%）	其他要求
					以化合物计	以元素计				
钠：来自以下化合物	氯化钠	Sodium chloride	NaCl	天然盐加工制取	≥91.0	Na≥35.7 Cl≥55.2	养殖动物	猪 0.3~0.8 鸡 0.25~0.4 鸭 0.3~0.6 牛、羊 0.5~1.0（以 NaCl 计）	猪 1.5 家禽 1.0 牛、羊 2.0（以 NaCl 计）	—
	硫酸钠	Sodium sulfate	Na$_2$SO$_4$	天然盐加工制取或化学制备	≥99.0	Na≥32.0 S≥22.3	养殖动物	猪 0.1~0.3 肉鸡 0.1~0.3 鸭 0.1~0.3 牛、羊 0.1~0.4（以 Na$_2$SO$_4$ 计）	0.5（以 Na$_2$SO$_4$ 计）	本品有轻度致泻作用，反刍动物应注意维持适当的氮硫比

（续）

元素	化合物通用名称	化合物英文名称	化学式或描述	来源	含量规格（%）以化合物计	含量规格（%）以元素计	适用动物	在配合饲料或全混合日粮中的推荐添加量（%）	在配合饲料或全混合日粮中的最高限量（%）	其他要求
钠：来自以下化合物	磷酸二氢钠	Monosodium phosphate	NaH_2PO_4 $NaH_2PO_4 \cdot H_2O$ $NaH_2PO_4 \cdot 2H_2O$	化学制备	98.0~103.0（以化合物计，干基）	$Na \geq 18.7$ $P \geq 25.3$ （以NaH_2PO_4计，干基）	养殖动物	猪0~1.0 家禽0~1.5 牛0~1.6 淡水鱼1.0~2.0 （以NaH_2PO_4计）	—	在畜禽饲料中较少使用，在鱼类饲料中补充磷元素，添加还可补充饲料中的磷元素，使用时应考虑磷与钙的适当比例及钠元素的总量
	磷酸氢二钠	Disodium phosphate	Na_2HPO_4 $Na_2HPO_4 \cdot 2H_2O$ $Na_2HPO_4 \cdot 12H_2O$	化学制备	≥98.0（以Na_2HPO_4计，干基）	$Na \geq 31.7$ $P \geq 21.3$ （以Na_2HPO_4计，干基）		猪0.5~1.0 家禽0.6~1.5 牛0.8~1.6 淡水鱼1.0~2.0 （以Na_2HPO_4计）	—	
钙：来自以下化合物	轻质碳酸钙	Calcium carbonate	$CaCO_3$	化学制备	≥93.0	$Ca \geq 39.2$ （以干基计）	养殖动物	猪0.4~1.1 肉禽0.6~1.0 蛋禽0.8~4.0 牛0.2~0.8 羊0.2~0.7 （以Ca元素计）	—	摄取过多钙会导致钙磷比例失调并阻碍其他微量元素的吸收
	氯化钙	Calcium chloride	$CaCl_2$ $CaCl_2 \cdot 2H_2O$	化学制备	99.0~107.0	$Ca \geq 33.5$ $Cl \geq 59.5$ $Ca \geq 26.9$ $Cl \geq 47.8$		同上	—	同上
	乳酸钙	Calcium lactate	$C_6H_{10}O_6Ca$ $C_6H_{10}O_6Ca \cdot H_2O$ $C_6H_{10}O_6Ca \cdot 3H_2O$ $C_6H_{10}O_6Ca \cdot 5H_2O$	化学制备或发酵生产	≥97.0（以$C_6H_{10}O_6Ca$计，干基）	$Ca \geq 17.7$ （以$C_6H_{10}O_6Ca$计，干基）		同上	—	

元素	化合物通用名称	化合物英文名称	化学式或描述	来源	含量规格（%）以化合物计	含量规格（%）以元素计	适用动物	在配合饲料或全混合日粮中的推荐添加量（%）	在配合饲料或全混合日粮中的最高限量（%）	其他要求
磷：来自以下化合物	磷酸氢钙	Dicalcium phosphate	$CaHPO_4 \cdot 2H_2O$	化学制备	—	总P≥16.5 Ca≥20.0	养殖动物	猪 0~0.55 肉禽 0~0.45 蛋禽 0~0.4 牛 0~0.38 羊 0~0.38 淡水鱼 0~0.6 （以P元素计）	—	水产饲料中使用磷时应注意用量，避免水体污染
	磷酸二氢钙	Monocalcium phosphate	$Ca(H_2PO_4)_2 \cdot H_2O$	化学制备	—	总P≥22.0 Ca≥13.0		同上	—	
	磷酸三钙	Tricalcium phosphate	$Ca_3(PO_4)_2$	化学制备	—	总P≥18.0 Ca≥30.0		同上	—	
镁：来自以下化合物	氧化镁	Magnesium oxide	MgO	化学制备	≥96.5	Mg≥57.9		泌乳牛羊 0~0.5 （以MgO计）	泌乳牛羊 1.0 （以MgO计）	大剂量使用会导致腹泻，注意镁和钾的比例
	氯化镁	Magnesium chloride	$MgCl_2 \cdot 6H_2O$	化学制备	≥98.0	Mg≥11.6 Cl≥34.3		猪 0~0.04 家禽 0~0.06 牛 0~0.4 羊 0~0.2 淡水鱼 0~0.06 （以Mg元素计）	猪 0.3 家禽 0.3 牛 0.5 羊 0.5 （单独或同时使用，以Mg元素计）	—
	硫酸镁	Magnesium sulfate	$MgSO_4 \cdot H_2O$	化学制备或从卤囟中提取	≥94.0	Mg≥16.5		同上	同上	—
			$MgSO_4 \cdot 7H_2O$		≥99.0	Mg≥9.7				

4. 非蛋白氮 Non－protein nitrogen

通用名称	英文名称	化学式或描述	来源	含量规格（%）		适用动物	在配合饲料或全混合日粮中的推荐添加量（以化合物计，%）	在配合饲料或全混合日粮中的最高限量（以化合物计，%）	其他要求
				以化合物计	以元素计				
尿素	Urea	$CO(NH_2)_2$	化学制备	≥98.6（以干基计）	N≥46.0（以干基计）	反刍动物	肉牛、羊 0~1.0 奶牛 0~0.6	1.0	—
硫酸铵	Ammonium sulfate	$(NH_4)_2SO_4$	化学制备	≥99.0	N≥21.0 S≥24.0	反刍动物	肉牛 0~0.3 奶牛、羊 0~1.2	1.5	—
磷酸二氢铵	Mono ammonium phosphate	$NH_4H_2PO_4$	化学制备	≥96.0	N≥11.6	反刍动物	肉牛、奶牛 0~1.5 羊 0~1.2	2.6	—
磷酸氢二铵	Diammonium phosphate	$(NH_4)_2HPO_4$	化学制备	—	N≥19.0 P: 22.3~23.1	反刍动物	肉牛 0~1.5 奶牛、羊 0~1.2	1.5	—
磷酸脲	Urea phosphate	$CO(NH_2)_2H_3PO_4$	化学制备	—	N≥16.5 P≥18.5	反刍动物	肉牛 0~1.4 奶牛 0~1.5 羊 0~1.6	1.8	—
氯化铵	Ammonium chloride	NH_4Cl	化学制备	—	N≥25.6	反刍动物	按生产需要适量使用	1.0	—
碳酸氢铵	Ammonium bicarbonate	NH_4HCO_3	化学制备	≥99.0		N≥17.5	反刍动物	秸秆氨化: 0~12.0	1. 仅限于反刍动物粗饲料的氨化处理；2. 液氨根据粗饲料特性可直接使用，也可配制成氨水使用；3. 氨化秸秆用量在反刍动物日粮中不得超过20%
液氨	Liquid ammonia	NH_3	化学制备	≥99.6		—	反刍动物	秸秆氨化: 0~3.0	

1. 非蛋白氮类产品适用于瘤胃功能发育基本完成的反刍动物，通常牛6月龄以上、羊3月龄以上；
2. 非蛋白氮类产品应混合到日粮中使用，日用量应逐步增加。不宜与生豆饼混合饲喂，湿度条件下制成糊化淀粉后喂，饲喂后动物不能立即饮水。
3. 尿素可与谷物或其他碳水化合物在一定温度、压力、湿度条件下制成糊化淀粉使用；
4. 使用非蛋白氮产品时，日粮应含有较高水平的可消化碳水化合物和较低水平的可溶性氮，并注意日粮中氮与磷、氮与硫的平衡；
5. 全混合日粮中所有非蛋白氮总量折算成粗蛋白当量不得超过日粮粗蛋白总量的30%；
6. 在配合饲料或全混合日粮中的推荐添加量和最高限量以干物质为基础计算。

5. 抗氧化剂 Antioxidants

通用名称	英文名称	化学式或描述	来源	含量规格（%）	适用动物	在配合饲料或全混合日粮中的推荐添加量（以化合物计，mg/kg）	在配合饲料或全混合日粮中的最高限量（以化合物计，mg/kg）	其他要求
乙氧基喹啉	Ethoxyquin	$C_{14}H_{19}NO$	化学制备	≥95.0	养殖动物（犬除外）	按生产需要适量使用	150	1. 同时使用时，在配合饲料或全混合日粮中的总量不得超过150 mg/kg；2. 单独或同时在饲用油脂中使用时，总量不得超过200 mg/kg（以油脂中的含量计）
					犬	按生产需要适量使用	100	
丁基羟基茴香醚（BHA）	Butylated hydroxyanisole (BHA)	$C_{11}H_{16}O_2$	化学制备	≥98.5	养殖动物	按生产需要适量使用	150	
二丁基羟基甲苯（BHT）	Butylated hydroxytoluene (BHT)	$C_{15}H_{24}O$	化学制备	≥99.0	养殖动物	按生产需要适量使用	150	
没食子酸丙酯	Propyl gallate	$C_{10}H_{12}O_5$	化学制备	≥98.0	养殖动物	按生产需要适量使用	100	
特丁基对苯二酚（TBHQ）	Tertiary butyl hydroquinone (TBHQ)	$C_{10}H_{14}O_2$	化学制备	≥99.0	养殖动物	按生产需要适量使用	150	
茶多酚	Tea polyphenol	从茶叶（Camellia sinensis L.）中提取的以儿茶素为主要成分的多酚类化合物	提取	茶多酚≥30.0	养殖动物	按生产需要适量使用	—	标签中应同时标示儿茶素类的分析保证值
维生素E（天然维生素E）	Natural vitamin E	从天然食用植物油的副产物中提取的天然产品，包括d-α-生育酚、d-β-生育酚、d-γ-生育酚、d-δ-生育酚等	提取	1. d-α-生育酚：E70型，总生育酚≥70.0，其中d-α-生育酚≥95.0；E50型，总生育酚≥50.0，其中d-α-生育酚≥95.0。2. 混合生育酚浓缩物：总生育酚≥50.0，其中d-β-生育酚、d-r-生育酚和d-δ-生育酚≥80.0	养殖动物	按生产需要适量使用	—	—
维生素E（DL-α-生育酚）	DL-α-Tocopherol	$C_{29}H_{50}O_2$	化学制备	96.0～102.0	养殖动物	按生产需要适量使用	—	—

（续）

通用名称	英文名称	化学式或描述	来源	含量规格（%）	适用动物	在配合饲料或全混合日粮中的推荐添加量（以化合物计，mg/kg）	在配合饲料或全混合日粮中的最高限量（以化合物计，mg/kg）	其他要求
L-抗坏血酸-6-棕榈酸酯	6-Palmityl-L-ascorbic acid	$C_{22}H_{38}O_7$	化学制备	≥95.0	养殖动物	按生产需要适量使用	—	—
迷迭香提取物	Rosemary extract	以迷迭香（Rosmarinus officinalis L.）的鲜叶为原料，经溶剂提取或超临界二氧化碳萃取精制而得	提取	脂溶性产品：总抗氧化成分（以鼠尾草酸和鼠尾草酚计）≥10.0 水溶性产品：迷迭香酸≥5.0	宠物	按生产需要适量使用	—	若提取溶剂为正己烷或甲醇时，正己烷残留≤25 mg/kg，甲醇残留<50 mg/kg

6. 着色剂 Coloring agents

通用名称	英文名称	化学式或描述	来源	含量规格（%）	适用动物	在配合饲料中的推荐添加量（以化合物计，mg/kg）	在配合饲料中的最高限量（以化合物计，mg/kg）	其他要求
β-胡萝卜素	beta-carotene	$C_{40}H_{56}$	提取、发酵生产或化学制备	≥96.0	家禽	按生产需要适量使用	—	
辣椒红	Paprika red	有效成分为辣椒红素（Capsanthin, $C_{40}H_{56}O_3$）和辣椒玉红素（Capsorubin, $C_{40}H_{56}O_4$）	提取	类胡萝卜素总量≥7.0，其中辣椒红素总量占类胡萝卜素总量≥30	家禽	按生产需要适量使用	80（以辣椒红素计）	同时使用时，在配合饲料中的总量不得超过80 mg/kg
β-阿朴-8'-胡萝卜素醛	beta-apo-8'-carotenal	$C_{30}H_{40}O$	化学制备	≥96	家禽	按生产需要适量使用	80	
β-阿朴-8'-胡萝卜素酸乙酯	beta-apo-8'-carotenoic acid ethyl Ester	$C_{32}H_{44}O_2$	化学制备	≥96	家禽	按生产需要适量使用	80	

（续）

通用名称	英文名称	化学式或描述	来源	含量规格（%）	适用动物	在配合饲料中的推荐添加量（以化合物计，mg/kg）	在配合饲料中的最高限量（以化合物计，mg/kg）	其他要求
β,β-胡萝卜素-4,4-二酮（斑蝥黄）	beta, beta - carotene - 4, 4 - diketone (Canthaxanthin)	$C_{40}H_{52}O_2$	化学制备	≥96	家禽	按生产需要适量使用	肉禽：25 蛋禽：8	同时使用时，在配合饲料中的总量不得超过80 mg/kg
天然叶黄素（源自万寿菊）	Natural xanthophyll (Marigold extract)	以万寿菊（Tagetes erecta L.）中脂溶性提取物为原料经皂化制得，主要着色物质包括叶黄素(lutein)和玉米黄质(zeaxanthin)	提取	叶黄素和玉米黄质总量≥18.0	家禽、水产养殖动物	按生产需要适量使用	80（以叶黄素和玉米黄质总量计）	
虾青素	Astaxanthin	$C_{40}H_{52}O_4$	化学制备	≥96	水产养殖动物、观赏鱼	按生产需要适量使用	鱼（除观赏鱼外）：100 虾、蟹等甲壳类动物：200（单独或同时使用，以虾青素计）	
红法夫酵母	Xanthophyllomyces dendrorhous (Anamorph Phaffia rhodozyma)	干燥、灭活的红法夫酵母，富含虾青素（$C_{40}H_{52}O_4$）	发酵生产	≥0.4（以虾青素计）				鱼龄6个月以后使用
柠檬黄	Tartrazine	$C_{16}H_9N_4Na_3O_9S_2$	化学制备	≥87.0	宠物	按生产需要适量使用	—	—
日落黄	Sunset yellow	$C_{16}H_{10}N_2Na_2O_7S_2$	化学制备	≥87.0	宠物	按生产需要适量使用	—	—
诱惑红	Allura red	$C_{18}H_{14}N_2Na_2O_8S_2$	化学制备	≥85.0	宠物	按生产需要适量使用	—	—
胭脂红	Ponceau 4R	$C_{20}H_{11}N_2Na_3O_{10}S_3 \cdot 1.5H_2O$	化学制备	≥85.0	宠物	按生产需要适量使用	—	—
靛蓝	Indigotine	$C_{16}H_8N_2Na_2O_8S_2$	化学制备	≥85.0	宠物	按生产需要适量使用	—	—
赤藓红	Erythrosine	$C_{20}H_{14}Na_2O_5$	化学制备	≥85.0	宠物	按生产需要适量使用	—	—
二氧化钛	Titanium dioxide	TiO_2	化学制备	≥98.5	宠物	按生产需要适量使用	—	—
焦糖色（亚硫酸铵法）	Caramel colour class IV (ammonia sulphite process)	以蔗糖、淀粉糖浆、木糖母液等为原料，采用亚硫酸铵法制得	化学制备	$E_{1cm}^{0.1\%}$ (610 nm) 0.01~1.00	宠物	按生产需要适量使用	—	—

（续）

通用名称	英文名称	化学式或描述	来源	含量规格（%）	适用动物	在配合饲料中的推荐添加量（以化合物计，mg/kg）	在配合饲料中的最高限量（以化合物计，mg/kg）	其他要求
荧菜红	Amaranth	$C_{20}H_{11}N_2Na_3O_{10}S_3$	化学制备	≥85.0	宠物、观赏鱼	按生产需要适量使用	—	—
亮蓝	Brilliant blue	$C_{37}H_{34}N_2Na_2O_9S_3$	化学制备	≥85.0	宠物、观赏鱼	按生产需要适量使用	—	—

7. 调味和诱食物质（甜味物质）Flavouring and appetising substances（sweetening substances）

通用名称	英文名称	化学式或描述	来源	含量规格（%）	适用动物	在配合饲料或全混合日粮中的推荐添加量（以化合物计，mg/kg）	在配合饲料或全混合日粮中的最高限量（以化合物计，mg/kg）	其他要求
糖精	Saccharin	$C_7H_5NO_3S$	化学制备	≥99.0（以干基计）	猪	按生产需要适量使用	150	同时使用时，在配合饲料中的总量不得超过150 mg/kg
糖精钙	Calcium saccharin	$C_{14}H_8CaN_2O_6S_2$	化学制备	≥99.0（以干基计）	猪	按生产需要适量使用	150	
新甲基橙皮苷二氢查耳酮	Neohesperidin dihydrochalcone	$C_{28}H_{36}O_{15}$	化学制备	≥96.0（以干基计）	猪	按生产需要适量使用	35	—
索马甜	Thaumatin	以非洲竹芋（Thaumatococcus daniellii）成熟果实假种皮为原料，经水提取获得，以索马甜蛋白 I（T₁）和索马甜蛋白 II（T₂）为主要成分	提取	≥93.0	养殖动物	0～5	—	—

1. 糖精钠（$C_7H_4NNaO_3S$）的使用要求与糖精、糖精钙一致，与糖精、糖精钙同时使用时，在配合饲料中的总量不得超过150 mg/kg。

8. 黏结剂、抗结块剂、稳定剂和乳化剂 Binders, anticaking, stabilizing and emulsifying agents

通用名称	英文名称	化学式或描述	来源	含量规格（%）	适用动物	在配合饲料或全混合日粮中的推荐添加量（以化合物计，mg/kg）	在配合饲料或全混合日粮中的最高限量（以化合物计，mg/kg）	其他要求
卡拉胶	Carrageenan	以红藻（Rhodophyceae）类植物为原料，经水或碱液提取，加工而成的 K（Kappa）、I（Iota）、λ（Lambda）三种基本型号卡拉胶的混合物	化学制备	硫酸酯（以 SO₄ 计）15~40 黏度≥0.005 Pa·s	宠物	按生产需要适量使用	—	—
决明胶	Cassia gum	以豆科植物决明种子的胚乳为原料，经萃取加工而制得，主要含半乳甘露聚糖，即包含半乳糖和半乳甘露糖侧链的聚合物，其中甘露糖和半乳糖的比例约为 5:1	提取	半乳甘露聚糖≥75	宠物	按生产需要适量使用	17 600	仅用于水分含量超过20%的宠物饲料
刺槐豆胶	Carob bean gum	以刺槐豆种子 Ceratonia siliqua（L.）Taub.（Fam. Leguminosae）的胚乳研磨或碾乳胚乳粉为原料经加工而制得，主要由半乳甘露聚糖和半乳甘露乳糖组成，其中甘露糖和半乳糖的比例约为 4:1	提取	—	宠物	按生产需要适量使用	—	—
果胶	Pectin	以柚子、柠檬、甜橙、苹果等水果的果皮或果渣以及其他适当提供的可食用的植物为原料，经提取、精制而得。聚合度通常不超过 400，分子式为：(C₆H₁₀O₅)n	提取	总半乳糖醛酸≥65	宠物	按生产需要适量使用	—	—
微晶纤维素	Microcrystalline cellulose	以纤维植物为原料，与无机酸成浆状，制成 α-纤维素，再处理使纤维素作部分解聚，然后再除去非结晶部分并提纯而得	化学制备	碳水化合物含量（以纤维素计）≥97.0（以干基计）	宠物	按生产需要适量使用	—	—
辛烯基琥珀酸淀粉钠	Starch sodium octenylsuccinate	以淀粉与辛烯基琥珀酸酐经酯化、糊精化、酸处理，同时可能经过酶处理、漂白处理而制得的蒸煮或预糊化辛烯基琥珀酸淀粉钠	化学制备	辛烯基琥珀酸基团≤3.0 二氧化硅残留量 <50 mg/kg（谷物）<10 mg/kg（其他）	养殖动物	按生产需要适量使用	—	—
二氧化硅（沉淀并经干燥的硅酸）	Silicon dioxide (Silicic acid, precipitated and dried)	SiO₂	化学制备	≥96.0（灼烧后）	养殖动物	按生产需要适量使用	20 000	—

第五节
农业农村部宠物饲料管理办法

为进一步加强宠物饲料管理，规范宠物饲料市场，促进宠物饲料行业发展，我部在全面梳理《饲料和饲料添加剂管理条例》（以下简称《条例》）及其配套规章适用规定、充分考虑宠物饲料特殊性和管理需要的基础上，制定了《宠物饲料管理办法》《宠物饲料生产企业许可条件》《宠物饲料标签规定》《宠物饲料卫生规定》《宠物配合饲料生产许可申报材料要求》《宠物添加剂预混合饲料生产许可申报材料要求》等规范性文件，现予公布，并就有关事项公告如下。

一、2018年6月1日前，已经按照《条例》及其配套规章规定取得饲料生产许可证的宠物配合饲料、宠物添加剂预混合饲料生产企业，可以在生产许可证有效期内继续从事生产经营活动；有效期届满需要继续生产经营的，按照本公告规范性文件的有关规定申请办理饲料生产许可证。

二、根据《宠物饲料管理办法》产品分类规定被纳入生产许可管理，且本公告发布前已经生产宠物配合饲料、宠物添加剂预混合饲料但尚未取得饲料生产许可证的企业，应当在2019年9月1日前按照本公告规范性文件的有关规定申请办理并取得饲料生产许可证。

三、2018年6月1日前，已经按照《条例》及其配套规章规定取得进口登记证的进口宠物配合饲料、进口宠物添加剂预混合饲料产品，可以在进口登记证有效期内继续进口销售；有效期届满需要继续进口销售的，按照本公告规范性文件的有关规定申请办理进口登记证。

四、根据《宠物饲料管理办法》产品分类规定被纳入进口登记管理，且本公告发布前已经在中国境内进口销售但未取得进口登记证的进口宠物配合饲料、进口宠物添加剂预混合饲料产品，应当在2019年9月1日前按照本公告规范性文件的有关规定申请办理并取得进口登记证。

五、自2018年6月1日起，申请从事宠物配合饲料、宠物添加剂预混合饲料生产，或者申请办理宠物配合饲料、宠物添加剂预混合饲料进口登记，按照本公告规范性文件的有关规定执行。

六、宠物配合饲料、宠物添加剂预混合饲料生产企业核发饲料生产许可证。根据企业申报情况，饲料生产许可证上的产品类别应当分别标示宠物配合饲料、宠物添加剂预混合饲料；产品品种应当分别标示固态宠物配合饲料、半固态宠物配合饲料、液态宠物配合饲料、固态宠物添加剂预混合饲料、半固态宠物添加剂预混合饲料、液态宠物添加剂预混合饲料。

七、2018 年 6 月 1 日前，已经按照《条例》及其配套规章规定取得供宠物直接食用的混合型饲料添加剂生产许可证和进口登记证的生产企业和进口产品，应当根据《宠物饲料管理办法》产品分类规定，在 2019 年 9 月 1 日前按照本公告规范性文件的有关规定申请办理并取得饲料生产许可证和进口登记证。

八、供宠物饲料生产企业使用的混合型饲料添加剂、添加剂预混合饲料的管理不适用本公告规范性文件的规定，其生产、经营、使用和进口按照《条例》及其配套规章中有关混合型饲料添加剂、添加剂预混合饲料的管理要求执行。

九、宠物饲料生产企业应当按照《宠物饲料标签规定》的要求制定产品标签，2019 年 9 月 1 日以后生产的国产和进口宠物饲料产品所附具的标签，应当符合《宠物饲料标签规定》的要求。

十、宠物饲料生产企业应当切实加强对产品卫生指标的控制，2019 年 1 月 1 日以后生产的国产和进口宠物饲料产品的卫生指标，应当符合《宠物饲料卫生规定》的要求。

十一、根据《宠物饲料管理办法》有关规定，自 2018 年 6 月 1 日起，有关宠物添加剂预混合饲料生产企业已经获得的相关产品的批准文号、其他宠物饲料生产企业已经获得的饲料生产许可证，不再作为宠物饲料检查、执法的依据和内容。

十二、本公告规定的有关管理过渡期结束后，各级饲料管理部门开展宠物饲料监管执法工作，应当按照本公告规范性文件的有关规定执行。

十三、各级饲料管理部门要继续加强宠物饲料监督管理工作，除本公告第二条、第四条规定的情形外，对于其他未取得许可证明文件生产或者进口宠物配合饲料、宠物添加剂预混合饲料的违法行为，应当按照《条例》有关规定从严处罚。

附件：1. 宠物饲料管理办法

2. 宠物饲料生产企业许可条件

3. 宠物饲料标签规定

4. 宠物饲料卫生规定

5. 宠物配合饲料生产许可申报材料要求

6. 宠物添加剂预混合饲料生产许可申报材料要求

农业农村部

2018 年 4 月 27 日

附件 1

宠物饲料管理办法

第一条　为加强宠物饲料管理，保障宠物饲料产品质量安全，促进宠物饲料行业发展，根据《饲料和饲料添加剂管理条例》，制定本办法。

第二条　本办法所称宠物饲料，是指经工业化加工、制作的供宠物直接食用的产品，包括宠物配合饲料、宠物添加剂预混合饲料和其他宠物饲料，也称为宠物食品。

宠物配合饲料，是指为满足宠物不同生命阶段或者特定生理、病理状态下的营养需要，将多种饲料原料和饲料添加剂按照一定比例配制的饲料，单独使用即可满足宠物全面营养需要。

宠物添加剂预混合饲料，是指为满足宠物对氨基酸、维生素、矿物质微量元素、酶制剂等营养性饲料添加剂的需要，由营养性饲料添加剂与载体或者稀释剂按照一定比例配制的饲料。

其他宠物饲料，是指为实现奖励宠物、与宠物互动或者刺激宠物咀嚼、撕咬等目的，将几种饲料原料和饲料添加剂按照一定比例配制的饲料。

第三条 申请从事宠物配合饲料、宠物添加剂预混合饲料生产的企业，应当符合《宠物饲料生产企业许可条件》的要求，向生产地省级人民政府饲料管理部门提出申请，并依法取得饲料生产许可证。

第四条 宠物饲料生产企业应当按照有关规定和标准，对采购的饲料原料、添加剂预混合饲料和饲料添加剂进行查验或者检验；使用饲料添加剂的，应当遵守《饲料添加剂品种目录》《饲料添加剂安全使用规范》等限制性规定。禁止使用《饲料原料目录》《饲料添加剂品种目录》以外的任何物质生产宠物饲料。

宠物饲料生产企业应当如实记录采购的饲料原料、添加剂预混合饲料、饲料添加剂的名称、产地、数量、保质期、许可证明文件编号、质量检验信息、生产企业名称或者供货者名称及其联系方式、进货日期等。记录保存期限不得少于2年。

第五条 宠物配合饲料、宠物添加剂预混合饲料生产企业应当按照产品质量标准、《饲料质量安全管理规范》组织生产，对生产过程实施有效控制并实行生产记录和产品留样观察制度。

其他宠物饲料生产企业应当按照产品质量标准组织生产，建立健全采购、生产、检验、销售、仓储等管理制度，对生产过程实施有效控制并实行生产记录和产品留样观察制度。

第六条 宠物饲料生产企业应当对其生产的产品进行质量检验；检验合格的，应当附具产品质量检验合格证。未经产品质量检验、检验不合格或者未附具产品质量检验合格证的，不得出厂销售。

宠物饲料生产企业应当如实记录出厂销售的宠物饲料产品的名称、数量、生产日期、生产批次、质量检验信息、购货者名称及其联系方式、销售日期等。记录保存期限不得少于2年。

第七条 出厂销售的宠物饲料产品应当包装，包装应当符合国家有关安全、卫生的规定。

第八条 宠物饲料产品的包装上应当附具标签，标签应当符合《宠物饲料标签规定》的要求。

第九条 宠物饲料生产企业应当采取有效措施保障产品质量安全，宠物饲料产品的卫生指标应当符合《宠物饲料卫生规定》的要求。

第十条 宠物饲料经营者进货时应当查验宠物饲料产品标签、产品质量检验合格证；对宠物配合饲料、宠物添加剂预混合饲料产品，还应当查验饲料生产许可证、进口登记证等许可证明文件。

宠物饲料经营者不得对宠物饲料产品进行拆包、分装，不得对宠物饲料产品进行再加工或者添加任何物质。

禁止经营无产品标签、无产品质量标准、无产品质量检验合格证的宠物饲料。禁止经营标签不符合《宠物饲料标签规定》要求的宠物饲料。禁止经营用《饲料原料目录》《饲料添加剂品种目录》以外的任何物质生产的宠物饲料。

禁止经营无生产许可证的宠物配合饲料、宠物添加剂预混合饲料。禁止经营未取得进口登记证的进口宠物配合饲料、进口宠物添加剂预混合饲料。

第十一条 宠物饲料经营者应当建立产品购销台账，如实记录购销宠物饲料产品的名称、许可证明文件编号、规格、数量、保质期、生产企业名称或者供货者名称及其联系方式、购销时间等。购销台账保存期限不得少于2年。

第十二条 网络宠物饲料产品交易第三方平台提供者，应当对入网的宠物饲料经营者进行实名登记，督促经营者认真履行宠物饲料产品质量安全管理责任和义务，保障平台上销售的宠物饲料产品符合本办法要求。

第十三条 宠物饲料生产企业发现其生产的产品可能对宠物健康有害或者存在其他安全隐患的，应当立即停止生产，通知经营者、使用者，向饲料管理部门报告，主动召回产品，并记录召回和通知情况。召回的产品应当在饲料管理部门的监督下，予以无害化处理或者销毁。

宠物饲料经营者发现其销售的宠物饲料产品有前款规定情形的，应当立即停止销售，通知生产企业、供货者和使用者，向饲料管理部门报告，并记录通知情况。

第十四条 境外宠物饲料生产企业向中国出口宠物配合饲料、宠物添加剂预混合饲料的，应当委托境外企业驻中国境内的办事机构或者中国境内代理机构向国务院农业行政主管部门申请登记，并依法取得进口登记证。

第十五条 向中国境内出口的宠物饲料，应当包装并附具符合《宠物饲料标签规定》要求的中文标签；产品卫生指标应当符合《宠物饲料卫生规定》的要求；宠物配合饲料、宠物添加剂预混合饲料还应当符合进口登记产品的备案标准要求。

生产向中国境内出口的宠物饲料所使用的饲料原料和饲料添加剂应当符合《饲料原料目录》《饲料添加剂品种目录》的要求，并遵守《饲料添加剂品种目录》《饲料添加剂安全使用规范》的规定。

第十六条 国务院农业行政主管部门和县级以上地方人民政府饲料管理部门，应当根据需要定期或者不定期组织实施宠物饲料产品监督抽查。

国务院农业行政主管部门和省级人民政府饲料管理部门应当按照职责权限公布监督抽查结果，并可以公布具有不良记录的宠物饲料生产企业、经营者以及为经营者提供服务的第三方交易平台名单。

第十七条 未取得饲料生产许可证生产宠物配合饲料、宠物添加剂预混合饲料的，依据《饲料和饲料添加剂管理条例》第三十八条进行处罚。

第十八条 宠物饲料生产企业违反本办法规定，使用《饲料原料目录》《饲料添加剂品种目录》以外的物质生产宠物饲料的，或者不遵守国务院农业行政主管部门的限制性规定的，依据《饲料和饲料添加剂管理条例》第三十九条进行处罚。

第十九条 宠物饲料生产企业未对采购的饲料原料、添加剂预混合饲料和饲料添加剂进行查验或者检验的，或者未对生产的宠物饲料进行产品质量检验的，依据《饲料和饲料添加剂管理条例》第四十条进行处罚。

第二十条 宠物配合饲料、宠物添加剂预混合饲料生产企业不遵守《饲料质量安全管理规范》的，依据《饲料和饲料添加剂管理条例》第四十条进行处罚。

第二十一条 宠物饲料生产企业未实行采购、生产、销售记录制度或者产品留样观察制度的，依据《饲料和饲料添加剂管理条例》第四十一条进行处罚。

第二十二条 宠物饲料产品未附具产品质量检验合格证或者包装、标签不符合规定的，依据《饲料和饲料添加剂管理条例》第四十一条进行处罚。

第二十三条 宠物饲料经营者有下列行为之一的，依据《饲料和饲料添加剂管理条例》第四十三条进行处罚：

（一）对经营的宠物饲料产品进行再加工或者添加物质的；

（二）经营无产品标签、无产品质量检验合格证的宠物饲料的；经营无生产许可证的宠物配合饲料、宠物添加剂预混合饲料的；

（三）经营用《饲料原料目录》《饲料添加剂品种目录》以外的物质生产的宠物饲料的；

（四）经营未取得进口登记证的进口宠物配合饲料、进口宠物添加剂预混合饲料的。

第二十四条 宠物饲料经营者有下列行为之一的，依据《饲料和饲料添加剂管理条例》第四十四条进行处罚：

（一）对宠物饲料产品进行拆包、分装的；

（二）未实行产品购销台账制度的；

（三）经营的宠物饲料产品失效、霉变或者超过保质期的。

第二十五条 对本办法第十三条规定的宠物饲料产品，生产企业不主动召回的，依据《饲料和饲料添加剂管理条例》第四十五条进行处罚。

第二十六条 宠物饲料生产企业、经营者有下列行为之一的，依据《饲料和饲料添加剂管理条例》第四十六条进行处罚：

（一）生产、经营无产品质量标准或者不符合产品质量标准的宠物饲料产品的；

（二）生产、经营的宠物饲料产品与标签标示的内容不一致的。

第二十七条 本办法仅适用于宠物犬、宠物猫饲料的管理。其他种类宠物饲料的管理要求另行规定。

第二十八条 本办法自 2018 年 6 月 1 日起施行。

附件 2

宠物饲料生产企业许可条件

第一章　总　　则

第一条　为加强宠物饲料生产许可管理，保障宠物饲料质量安全，根据《饲料和饲料添加剂管理条例》《饲料和饲料添加剂生产许可管理办法》《宠物饲料管理办法》，制定本条件。

第二条　申请从事宠物配合饲料、宠物添加剂预混合饲料生产的企业，应当符合本条件。

第二章　机构与人员

第三条　企业应当设立技术、生产、质量、销售、采购等管理机构。技术、生产、质量机构应当配备专职负责人，并不得互相兼任。

第四条　技术机构负责人应当具备畜牧、兽医、食品等相关专业大专以上学历或者中级以上技术职称，熟悉饲料法规、动物营养、产品配方设计等专业知识，并通过现场考核。

第五条　生产机构负责人应当具备畜牧、兽医、食品、机械、化工等相关专业大专以上学历或者中级以上技术职称，熟悉饲料法规、饲料加工技术与设备、生产过程控制、生产管理等专业知识，并通过现场考核。

第六条　质量机构负责人应当具备畜牧、兽医、食品、化工、生物等相关专业大专以上学历或者中级以上技术职称，熟悉饲料法规、原料与产品质量控制、原料与产品检验、产品质量管理等专业知识，并通过现场考核。

第七条　销售和采购机构负责人应当熟悉饲料法规，并通过现场考核。

第八条　企业应当配备 2 名以上专职检验化验员，并通过现场操作技能考核。

第三章　厂区、布局与设施

第九条　企业应当独立设置厂区，厂区周围没有影响产品质量安全的污染源。

厂区应当布局合理，生产区与生活、办公等区域分开。厂区应当整洁卫生，道路和作业场所采用混凝土或者沥青硬化，生活、办公等区域有密闭式生活垃圾收集设施。

第十条　生产区应当按照生产工序合理布局，生产区总使用面积应当与生产规模相匹配。

固态的宠物配合饲料、宠物添加剂预混合饲料有相对独立、与生产规模相匹配的原料库、配料间、加工间、成品库和附属物品库房。

半固态的宠物配合饲料、宠物添加剂预混合饲料有相对独立、与生产规模相匹配的原料库、前处理间、配料间、加工间、灌装间（区）、外包装间（区）、成品库和附属物品库房。

液态的宠物配合饲料、宠物添加剂预混合饲料有相对独立、与生产规模相匹配的原料库、前处理间、配料间、加工灌装间、外包装间、成品库和附属物品库房。

同时生产宠物、畜禽等其他动物饲料的，可以共同使用原料库、成品库和附属物品库房。宠物饲料生产设备不得用于生产畜禽等其他动物饲料。

第十一条 生产区建筑物通风和采光良好，自然采光设施应当有防雨功能。

第十二条 厂区内应当配备必要的消防设施或者设备。

第十三条 厂区内应当有完善的排水系统，排水系统入口处有防堵塞装置，出口处有防止动物侵入装置。

第十四条 存在安全风险的设备和设施，应当设置警示标识和防护设施：

（一）配电柜、配电箱有警示标识，易产生或者积存粉尘区域的人工采光灯具、电源开关及插座有防爆功能；

（二）高温设备和设施有隔热层和警示标识；

（三）压力容器有安全防护装置；

（四）设备传动装置有防护罩；

（五）有投料地坑的，入口处有完整的栅栏；

（六）吊物孔有坚固的盖板或者四周有防护栏，所有设备维修平台、操作平台和爬梯有防护栏。

企业应当为生产区作业人员配备劳动保护用品。

第十五条 企业仓储设施应当符合以下条件：

（一）满足原料、成品、包材、备品备件的贮存要求，具有防霉、防潮、防鸟、防鼠等功能；

（二）存放维生素、微生物添加剂和酶制剂等热敏物质的贮存间面积与生产规模相匹配，满足储存温度要求，密闭性能良好；

（三）亚硒酸钠等按危险化学品管理的饲料添加剂，有独立的贮存间或者贮存柜；

（四）使用新鲜或者冷冻动物源性原料的，有与生产规模相匹配的冷藏、冷冻设施或者设备；

（五）有立筒仓的，配备立筒仓通风系统和温度监测装置。

第四章　工艺与设备

第十六条 固态宠物配合饲料生产企业应当符合以下条件：

（一）配备成套加工机组，包括粉碎、配料、提升、混合、调质、膨化、干燥、喷涂、冷却、计量、包装、异物检除等设备，并具有完整的除尘系统和电控系统；

（二）配料、混合工段采用计算机自动化控制系统，配料动态精度不大于3%，静态精度不大于1%；

（三）混合机的混合均匀度变异系数不大于 7%；

（四）粉碎机、空气压缩机、高压风机采用隔音或者消音装置；

（五）生产线除尘系统使用脉冲式除尘设备，投料口采用单点除尘方式，作业区的粉尘浓度和排放浓度符合国家有关规定；

（六）小料配制和投料复核分别配置电子秤；

（七）有添加剂预混合工艺的，单独配备至少一台混合机及相应的除尘设备，混合机（含混合机缓冲仓）与物料接触部分使用不锈钢制造，混合机的混合均匀度变异系数不大于 5%；

（八）有新鲜或者冷冻、冷藏动物源性原料预处理工序的，单独配备除杂、粉碎、均质、水解等设备；

（九）生产车间和作业场所噪音控制符合国家有关规定。

第十七条　半固态宠物配合饲料生产企业应当符合以下条件：

（一）配备成套加工机组，包括粉碎、配料、混合、乳化、蒸煮、冷却、计量、灌装、包装、异物检除等设备，并具有完整的电控系统；

（二）小料配制和投料复核分别配置电子秤；

（三）有添加剂预混合工艺的，单独配备至少一台混合机并配备相应的除尘设备，混合机（含混合机缓冲仓）与物料接触部分使用不锈钢制造，混合机的混合均匀度变异系数不大于 5%；

（四）生产罐头等具有商业无菌要求的产品的，配备相应的杀菌设备；

（五）有新鲜或者冷冻、冷藏动物源性原料预处理工序的，单独配备除杂、粉碎、均质、水解等设备；

（六）生产车间和作业场所噪音控制符合国家有关规定。

第十八条　固态宠物添加剂预混合饲料生产企业应当符合以下条件：

（一）配备成套加工机组，包括原料除杂、配料、混合、成型、计量、自动包装等设备，并具有完整的除尘系统和电控系统；

（二）有两台以上混合机，混合机（含混合机缓冲仓）与物料接触部分使用不锈钢制造，混合机的混合均匀度变异系数不大于 5%；

（三）生产线除尘系统使用脉冲式除尘设备，投料口采用单点除尘方式，作业区的粉尘浓度和排放浓度符合国家有关规定；

（四）小料配制和投料复核分别配置电子秤；

（五）有粉碎机、空气压缩机的，采用隔音或消音装置；

（六）生产车间和作业场所噪音控制符合国家有关规定。

第十九条　半固态宠物添加剂预混合饲料生产企业应当符合以下条件：

（一）配备成套加工机组，包括称量、加热、配料、搅拌、灌装、包装等设备，并具有完整的电控系统；

（二）生产设备、输送管道及管件使用不锈钢或者性能更好的材料制造；

（三）加热设备有搅拌、温度控制和温度显示装置；

（四）搅拌设备的搅拌速度可控；

（五）小料配制和投料复核分别配置电子秤；

（六）生产车间和作业场所噪音控制符合国家有关规定。

第二十条 液态的宠物配合饲料、宠物添加剂预混合饲料生产企业应当符合以下条件：

（一）配备成套加工机组，包括原料前处理、称量、配液、过滤、灌装等设备，并具有完整的电控系统；

（二）生产设备、输送管道及管件使用不锈钢或者性能更好的材料制造；

（三）有均质工序的，使用高压均质机的工作压力不小于50兆帕，并符合安全生产要求；使用高剪切均质机的均质转速不小于2 800转/分；

（四）配液罐有加热保温功能和温度显示装置；

（五）小料配制和投料复核分别配置电子秤；

（六）生产车间和作业场所噪音控制符合国家有关规定。

第五章 质量检验和质量管理制度

第二十一条 企业应当在厂区内独立设置检验化验室，并与生产车间和仓储区域分离。

第二十二条 宠物配合饲料生产企业检验化验室应当符合以下条件：

（一）生产液态宠物配合饲料的企业，配备常规检验仪器、万分之一分析天平、可见光分光光度计、定氮装置、粗脂肪提取装置；生产半固态宠物配合饲料的企业，还应当在液态宠物配合饲料企业的基础上，配备恒温干燥箱、高温炉、真空泵及抽滤装置、高压灭菌锅、培养箱、显微镜和样品制备设备；生产固态宠物配合饲料的企业，还应当在半固态宠物配合饲料企业的基础上，配备硬度测定仪、容重测定仪、水分活度测定仪、标准筛。

（二）检验化验室至少包括天平室、理化分析室、仪器室、留样观察；生产固态宠物配合饲料和半固态宠物配合饲料的，还应当设立微生物检验室。各功能室应当满足下列要求：

1. 天平室有满足分析天平放置要求的天平台；

2. 理化分析室有满足样品理化分析和检验要求的通风柜、实验台、器皿柜、试剂柜；同时开展高温或者明火操作和易燃试剂操作的，分别设立独立的操作区和通风柜，并保持一定的安全距离；

3. 仪器室满足分光光度计等仪器的使用要求；

4. 留样观察室有满足原料和产品贮存要求的样品柜或者样品架；

5. 微生物检验室具有符合要求的准备间、缓冲间、无菌间和超净工作台。

第二十三条 宠物添加剂预混合饲料生产企业检验化验室应当符合以下条件：

（一）生产液态宠物添加剂预混合饲料的企业，配备常规检验仪器、万分之一分析天平；生产半固态宠物添加剂预混合饲料的企业，还应当在液态宠物添加剂预混合饲料企业的基础上，配备恒温干燥箱、高温炉和样品制备设备；生产固态宠物添加剂预混合饲料的企业，还应当在半固态宠物添加剂预混合饲料企业的基础上，配备标准筛。

（二）产品中添加维生素的，配备具有紫外检测器的高效液相色谱仪；产品中添加微量元素的，配备具有火焰原子化器和被测项目元素灯的原子吸收分光光度计；产品中添加氨基酸、酶制剂等营养性饲料添加剂的，配备满足添加成分检测要求的检验仪器。

（三）检验化验室至少包括天平室、前处理室、仪器室和留样观察室。各功能室应当满足下列要求：

1. 天平室有满足分析天平放置要求的天平台；

2. 前处理室有能够满足样品前处理和检验要求的通风柜、实验台、器皿柜、试剂柜、气瓶固定装置以及避光、空调等设备或者设施；同时开展高温或者明火操作和易燃试剂操作的，分别设立独立的操作区和通风柜，并保持一定的安全距离；

3. 仪器室满足高效液相色谱仪、原子吸收分光光度计等仪器的使用要求，高效液相色谱仪和原子吸收分光光度计分室存放；

4. 留样观察室有满足原料和产品贮存要求的样品柜或者样品架。

第六章　附　　则

第二十四条　在满足生产和质量检验要求的前提下，经省级人民政府饲料管理部门组织专家审核同意，企业可以使用性能更好的生产设备和检验仪器替代本条件中的相关生产设备和检验仪器。

第二十五条　本条件规定的成套加工机组中，如企业生产过程中不涉及相关工艺和设备，在申报材料和现场检查过程中可不作要求，但因缺少相关工艺和设备可能影响产品质量安全和安全生产的情况除外。

第二十六条　本条件自 2018 年 6 月 1 日起施行。

附件 3

宠物饲料标签规定

第一条　为加强宠物饲料管理，规范宠物饲料标签标示内容，根据《饲料和饲料添加剂管理条例》《宠物饲料管理办法》，制定本规定。

第二条　本规定所称的宠物饲料标签是指以文字、符号、数字、图形等方式粘贴、印刷或者附着在产品包装上用以表示产品信息的说明物的总称。

第三条　在中华人民共和国境内生产、销售的宠物饲料产品的标签应当按照本规定要求标示产品名称、原料组成、产品成分分析保证值、净含量、贮存条件、使用说明、注意事项、生产日期、保质期、生产企业名称及地址、许可证明文件编号和产品标准等信息。

第四条　宠物饲料产品标签应当在醒目位置标示"本产品符合宠物饲料卫生规定"字样，并以粘贴或者印刷等形式附具产品质量检验合格证。

第五条 宠物饲料产品名称应当位于标签的主要展示版面并采用通用名称。通用名称应当使用一致的字体、字号和颜色，不得突出或者强调其中的部分内容。在标示通用名称的同时，可以标示商品名称，但应当放在通用名称之后或者之下，字号不得大于通用名称。

（一）宠物配合饲料的通用名称应当标示"宠物配合饲料"、"宠物全价饲料"、"全价宠物食品"或者"全价"字样，并标示适用动物种类和生命阶段。适用动物种类可以具体至犬、猫品种或者体型，如不标示则默认为适用于所有品种和体型；生命阶段包括幼年期、成年期、老年期、妊娠期、哺乳期等，如不标示则默认为适用于所有生命阶段。为满足宠物特定生理、病理状态下营养需要生产的宠物配合饲料，其通用名称应当标示"处方"字样。示例见附录1。

（二）宠物添加剂预混合饲料的通用名称应当标示"宠物添加剂预混合饲料"、"补充性宠物食品"或者"宠物营养补充剂"，并标示适用动物种类和生命阶段。适用动物种类可以具体至犬、猫品种或者体型，如不标示则默认为适用于所有品种和体型；生命阶段包括幼年期、成年期、老年期、妊娠期、哺乳期等，如不标示则默认为适用于所有生命阶段。宠物添加剂预混合饲料的通用名称中，也可以标示产品中的氨基酸、维生素、矿物质微量元素、酶制剂等营养性饲料添加剂，标示时可以使用营养性饲料添加剂的品种名称或者类别名称。示例见附录1。

（三）其他宠物饲料的通用名称应当标示"宠物零食"，并标示适用动物种类和生命阶段。适用动物种类可以具体至犬、猫品种或者体型，如不标示则默认为适用于所有品种和体型；生命阶段包括幼年期、成年期、老年期、妊娠期、哺乳期等，如不标示则默认为适用于所有生命阶段。其他宠物饲料的通用名称中，也可以标示产品的具体呈现形式。示例见附录1。

第六条 宠物饲料产品标签上应当标示原料组成。原料组成包括饲料原料和饲料添加剂两部分，分别以"原料组成"和"添加剂组成"为引导词。其中，"原料组成"应当标示生产该产品所用的饲料原料品种名称或者类别名称，并按照各类或者各种饲料原料成分加入重量的降序排列；"添加剂组成"应当标示生产该产品所用的饲料添加剂名称，抗氧化剂、着色剂、调味和诱食物质类饲料添加剂可以标示类别名称。

饲料原料品种名称应当与《饲料原料目录》一致，类别名称应当与附录2规定一致。饲料添加剂名称应当与《饲料添加剂品种目录》一致。

在产品中使用以《饲料原料目录》中动物水解物为主要原料复配制成的调味产品的，应当在原料组成部分中以"宠物饲料复合调味料"或者"口味增强剂"标示。

原料组成中的某种原料如以品种名称标示，则不应当再以类别名称标示；如以类别名称标示，则不应当再以品种名称标示。

第七条 在中国境内生产的宠物饲料产品标签上应当标示产品所执行的产品标准编号。进口宠物配合饲料、宠物添加剂预混合饲料应当标示进口产品复核检验报告的编号。

第八条 宠物饲料产品标签上应当标示产品成分分析保证值。产品成分分析保证值的计量单位见附录 3。

（一）宠物配合饲料产品成分分析保证值至少应当包括的项目、要求及具体标示方法见附录 4。

为满足宠物特定生理、病理状态下的营养需要生产的宠物配合饲料，其产品成分分析保证值除满足上述要求外，可以进行特殊标示。

（二）宠物添加剂预混合饲料产品成分分析保证值至少应当标示水分和产品中所添加的主要营养性饲料添加剂，标示方法参照附录 4。

（三）其他宠物饲料产品成分分析保证值至少应当标示水分，也可以根据需要标示其他成分的分析保证值，标示方法参照附录 4。

第九条 宠物饲料产品应当标示产品包装单位的净含量。净含量标示由净含量、数字和法定计量单位组成。净含量与产品名称应当位于标签的同一展示版面。

固态产品应当使用质量进行标示，净含量不足 1 千克的，以克或者 g 作为计量单位；净含量超过 1 千克（含 1 千克）的，以千克或者 kg 作为计量单位。

液态产品、半固态产品除可以使用前款规定的质量进行标示外，也可以使用体积标示，以体积标示时，净含量不足 1 升的，以毫升或者 mL 作为计量单位；净含量超过 1 升（含 1 升）的，以升或者 L 作为计量单位。

第十条 宠物饲料产品标签上应当标示产品的贮存条件及贮存方法。

第十一条 宠物饲料产品标签上应当标示产品使用说明。使用说明应当根据宠物的生命阶段、活动量和体型类别标示推荐饲喂量或者饲喂建议。

第十二条 宠物饲料产品标签上应当标示产品使用的注意事项。含动物源性成分（乳和乳制品除外）的产品应当标示"本产品不得饲喂反刍动物"字样。

通用名称标示"处方"字样的宠物配合饲料，应当在注意事项中参照本规定附录 5 中的示例，标示该产品适用的宠物特定生理、病理状态及主要营养特征，并在醒目位置标示"请在执业兽医指导下使用"字样。如其适用的生理、病理状态及主要营养特征未在附录 5 收录范围以内，该产品的生产企业应当参照附录 5 根据产品的实际情况标示注意事项，并能够提供相关证明资料。资料至少应当包括能够验证产品效果的科学试验数据及配方组成。

第十三条 宠物饲料产品标签应当标示完整的年、月、日生产日期信息，标示方法见附录 6。进口产品中文标签标示的生产日期应当与原产地标签上标示的生产日期一致。如生产日期标示采用"见包装物某部位"的形式，应当标示包装物的具体部位。生产日期的标示不得另外加贴或者篡改。

第十四条 宠物饲料产品标签应当标示保质期，标示方法见附录 6。进口宠物饲料产品中文标签标示的保质期应当与原产地标签上标示的保质期一致。如保质期标示采用"见包装物某部位"的形式，应当标示包装物的具体部位。保质期的标示不得另外加贴或者篡改。

第十五条 在中国境内生产的宠物配合饲料和宠物添加剂预混合饲料的产品标签，应当标示与许可证明文件一致的生产许可证编号、企业名称、注册地址、生产地址、联系方式；其他宠物饲料产品，应当标示与生产企业营业执照一致的企业名称、注册地址、生产地址、联系方式。如生产企业的注册地址与生产地址一致，可不重复标示。

进口宠物饲料产品应当以中文标示原产国名或者地区名。进口宠物配合饲料和宠物添加剂预混合饲料产品，应当标示与进口登记证一致的登记证号、生产厂家名称、生产地址，以及该产品在中国境内依法登记注册的销售机构名称、地址和联系方式。其他进口宠物饲料产品，应当标示生产厂家名称、生产地址，以及该产品在中国境内依法登记注册的销售机构名称、地址和联系方式。

联系方式应当标示以下至少一项内容：电话、传真、网络联系方式、通讯地址等。

第十六条　对于内包装不独立销售的宠物饲料产品，外包装应当标示本规定的所有内容，内包装至少标示产品名称、保质期和净含量。对于内包装独立销售的产品，内、外包装均应当标示本规定的所有内容。如内包装已标示本规定的所有内容，且标示内容能透过外包装物清晰、完整地呈现，可不在外包装物上进行重复标示。仅用于宠物饲料产品运输的外包装除外。

对于复合包装产品，外包装应当标示复合包装的净含量和所含独立包装的净含量及件数，或者直接标示所含独立包装的净含量和件数，标示形式见附录6。外包装上标示的保质期应当按照最早到期的独立包装产品的保质期计算，生产日期应当标示最早生产的独立包装产品的生产日期，也可以在外包装上分别标示各独立包装产品的生产日期和保质期。

第十七条　宠物饲料免费产品，除标示本规定的所有内容外，还应当标示"免费样品"、"赠品"、"非卖品"或者"试用装"等字样。

第十八条　委托加工的宠物配合饲料、宠物添加剂预混合饲料产品，除标示本规定的所有内容外，还应当标示委托企业的名称、注册地址和生产许可证编号。

第十九条　宠物饲料产品中含有转基因成分的，其标示应当符合相关法律法规的要求。

第二十条　宠物饲料产品标签中可以进行成分、功能和特性声称，声称时应当遵守以下规定：

（一）禁止对宠物饲料作具有预防或者治疗宠物疾病的说明或者宣传。

（二）所有声称应当具备证明材料。证明材料包括公开发表的出版物、教科书、配方组成、检测数据或者试验报告等。

（三）对成分进行声称时，声称的内容应当置于产品名称相邻位置，并与产品名称使用相同的字体和颜色，字号不大于产品名称，不得以任何形式突出或者强调其中部分内容。

1. 宠物饲料如声称使用某种饲料原料，应当在饲料原料组成中标示其名称，并在名称后标示其添加量；如该饲料原料使用所属类别名称标示，应当在类别名称之后以括号的方式标示该饲料原料的品种名称及其在产品中的添加量。示例见附录1。

2. 经脱水处理的饲料原料，可以依据水分还原后其在产品中的含量进行声称。可以进行水分还原的饲料原料种类及其计算方法见附录7。如进行水分还原，则附录7中涉及的三类饲料原料应当同时还原，计算方法应当按附录7执行。

3. 声称"××配方"时，产品中的"××"饲料原料应当达到产品总重的26％以上；如对两种或者两种以上饲料原料进行组合声称，其中至少一种饲料原料应当达到产品总重的26％以上，其余每种饲料原料均应当达到产品总重的3％以上，声称应当按原料的重量百分比降序排列。示例见附录1。

声称"含××配方"时，产品中的"××"饲料原料应当达到产品总重的14％以上；如对两种或者两种以上饲料原料进行组合声称，其中至少一种饲料原料应当达到产品总重的14％以上，其余每种饲料原料均应达到产品总重的3％以上，声称应按原料的重量百分比降序排列。示例见附录1。

声称"含××"时，产品中的"××"饲料原料应当达到产品总重的4％以上；如对两种或者两种以上饲料原料进行组合声称，其中至少一种饲料原料应当达到产品总重的4％以上，其余每种原料均应当达到产品总重的3％以上，声称应当按饲料原料的重量百分比降序排列。示例见附录1。

4. 如宠物饲料产品使用的饲料原料、宠物饲料复合调味料或者口味增强剂能够赋予产品某种风味，可以对产品的风味进行声称，声称应当使用"××味"字样。示例见附录1。

5. 如宠物饲料产品中的某种饲料原料的添加量足以赋予产品某些特有属性，即使该原料未达到产品总重的4％，也可以对其进行声称，声称应当使用"添加××"字样。示例见附录1。

6. 宠物饲料产品如声称使用某种维生素、矿物质微量元素等营养素或者使用的某种饲料添加剂可以赋予产品某些特有属性，声称应当使用"含××"字样。声称涉及的维生素、矿物质微量元素等营养素应当在产品成分分析保证值中列示。声称涉及的饲料添加剂应当在饲料添加剂组成中列示并标示其添加量。示例见附录1。

7. 宠物饲料产品可以声称不含有某种饲料原料或者饲料添加剂，声称应当使用"无××"或者"不含××"。除饲料原料和饲料添加剂外，不得对其他任何物质进行不含有声称。对于麸质成分，如其含量不高于 20 mg/kg 时，可以进行"无麸质"或者"不含麸质"的声称。

8. 如对宠物饲料产品中的某种成分含量进行"高"、"增高"或者"低"、"降低"或者类似的比较性声称，应当以本企业的产品作为参照物且明确列示，增高或者降低的比例应当达到15％以上，对于常量营养素，增高或者降低的百分比应当能够通过配方进行验证。示例见附录1。

（四）对特性进行声称时，应当符合下列要求。

1. 如宠物饲料产品使用的所有饲料原料和饲料添加剂均来自未经加工、非化学工艺加工或者只经过物理加工、热加工、提取、纯化、水解、酶解、发酵或者烟熏等处理工艺的植物、动物或者矿物质微量元素，可对产品进行特性声称，声称应当使用"天然的"、

"天然粮"或者类似字样。如宠物饲料产品中添加的维生素、氨基酸、矿物质微量元素是化学合成的，也可以对产品进行"天然的"、"天然粮"的声称，但应当同时对所使用的维生素、氨基酸、矿物质微量元素进行标示，声称应当使用"天然粮，添加××"字样；如添加了两种（类）或者两种（类）以上的化学合成的维生素、氨基酸、矿物质微量元素，声称中可以使用饲料添加剂的类别名称。所有声称文字应置于同一展示版面，使用相同的字体、字号和颜色，中间不得插入其他任何内容，不得以任何形式突出或者强调其中某一部分。示例见附录1。

2. 如宠物饲料产品使用的某种饲料原料和饲料添加剂来自未经加工、非化学工艺加工或者只经过物理加工、热加工、提取、纯化、水解、酶解、发酵或者烟熏等处理工艺的植物、动物或者矿物质微量元素，可以对该饲料原料或者饲料添加剂进行特殊声称，声称应当使用"天然"字样。示例见附录1。

3. 如宠物饲料产品使用的某种饲料原料除冷藏外未经蒸煮、干燥、冷冻、水解等类似任何处理过程，且不含有氯化钠、防腐剂或者其他饲料添加剂，可以对该饲料原料进行声称，声称应当使用"新鲜的"、"鲜"或者类似字样。示例见附录1。

4. 如犬用宠物饲料产品的水分含量低于20％且脂肪含量不高于9％、水分含量在20％至65％之间且脂肪含量不高于7％、水分含量大于65％且脂肪含量不高于4％时，可以对犬用宠物饲料进行"低脂肪"的声称。如猫用宠物饲料产品水分含量低于20％且脂肪含量不高于10％、水分含量在20％至65％之间且脂肪含量不高于8％、水分含量大于65％且脂肪含量不高于5％时，可以对猫用宠物饲料进行"低脂肪"的声称。

5. 如犬用宠物饲料产品的水分含量低于20％且能量值不高于1 296 kJ ME/100 g、水分含量在20％至65％之间且能量值不高于1 045 kJ ME/100 g、水分含量不低于65％且能量值不高于376 kJ ME/100 g时，可以对该产品进行"低能量"声称并对其能量值进行标示。如猫用宠物饲料产品水分含量低于20％且能量值不高于1 359 kJ ME/100 g、水分含量在20％至65％之间且能量值不高于1 108 kJ ME/100 g、水分含量不低于65％且能量值不高于397 kJ ME/100 g，可以对该产品进行"低能量"声称并对其能量值进行标示。标示时应当以"能量"或者"能量值"为引导词，并与该声称置于同一展示版面。能量值应当以代谢能（ME）值表示，并以kJ/100 g为单位，代谢能可以采用计算值，计算方法见附录8，但应当在代谢能值后以括号的方式标注"计算值"字样。

6. 宠物饲料产品可以使用"新产品"、"配方升级"、"产品升级"或者类似声称，但声称应当有充分证据，且该声称在产品标签上标示的时间不得超过18个月。

7. 如对宠物饲料产品进行符合国际或者国外标准的声称，产品应当符合对应标准的所有要求，且在监管部门要求时应当能提供检测报告或者产品配方等证明材料。

（五）如宠物饲料产品使用的某种饲料原料、饲料添加剂或者饲料原料中含有的某种营养素具有维持、增强宠物生长、发育、生理功能或者机体健康的作用，可以进行功能声称。声称应当符合以下要求。

1. 声称涉及的饲料添加剂应当在饲料添加剂组成或者产品成分分析保证值中按本规

定要求标示，声称涉及的饲料原料应当在原料组成中标示其名称，并在名称后标示其添加量，示例见附录1。

2. 如宠物饲料产品对毛球产生、牙垢积聚等非疾病性问题具有预防性作用，可以进行功能声称，声称可以使用"预防"字样并标示该产品可以预防的非疾病问题，示例见附录1。

第二十一条 宠物饲料标签应当结实耐用。附签形式的标签不得与包装物分离或者被遮掩，标签内容应当在不打开包装的情况下完整呈现。标签内容应当清晰、醒目、持久，方便消费者辨认和识读。文字应当使用规范的汉字（商标、进口宠物饲料的生产者和地址、国外经营者的名称和地址、网址除外），可以同时使用有对应关系的汉语拼音、少数民族文字或者其他文字，但不得大于相应的汉字（商标除外）。对于印有多语言的包装物，凡使用规范汉字提供的信息均应当符合本规定的要求。

第二十二条 标签的展示面积大于 $35\ cm^2$ 时，标示内容的文字、符号、数字的高度不得小于 $1.8\ mm$。不同包装物或者包装容器上标签最大表面面积计算方法见附录9。

第二十三条 国务院农业行政主管部门和县级以上地方人民政府饲料管理部门，应当根据需要定期或者不定期组织实施宠物饲料产品标签监督抽查。

第二十四条 宠物饲料产品标签不符合本规定的，依据《饲料和饲料添加剂管理条例》第四十一条进行处罚。

第二十五条 宠物饲料生产企业、经营者生产、经营的宠物饲料与标签标示的内容不一致的，依据《饲料和饲料添加剂管理条例》第四十六条进行处罚。

第二十六条 本规定自 2018 年 6 月 1 日起施行。

附录：1. 宠物饲料标示内容示例

2. 宠物饲料原料分类

3. 产品成分分析保证值常用计量单位

4. 宠物配合饲料产品成分分析保证值至少应当包括的项目及标示要求

5. 宠物配合饲料适用的特定状态及主要营养特征标示示例

6. 生产日期、保质期及净含量的标示

7. 可进行水分还原的原料种类及其计算方法

8. 产品能量值的计算方法

9. 不同包装物或者包装容器上标签最大表面面积计算方法

附录1

宠物饲料标示内容示例

一、宠物配合饲料通用名称示例

——"宠物配合饲料犬粮"或者"宠物全价饲料犬粮"或者"全价犬粮"或者"全价

宠物食品犬粮";

——"宠物配合饲料幼年期犬粮"或者"宠物全价饲料幼年期犬粮"或者"全价幼年期犬粮"或者"全价幼年期犬粮"或者"全价宠物食品幼年期犬粮";

——"宠物配合饲料泰迪幼年期犬粮"或者"宠物全价饲料泰迪幼年期犬粮"或者"全价泰迪幼年期犬粮"或者"全价泰迪幼年期犬粮"或者"全价宠物食品泰迪幼年期犬粮";

——"宠物配合饲料大型犬幼年期犬粮"或者"宠物全价饲料大型犬幼年期犬粮"或者"全价大型犬幼年期犬粮"或者"全价大型犬幼年期犬粮"或者"全价宠物食品大型犬幼年期犬粮";

——"宠物配合饲料犬处方粮"或者"宠物全价饲料犬处方粮"或者"全价犬处方粮"或者"全价宠物食品犬处方粮"。

二、宠物添加剂预混合饲料通用名称示例

——"宠物添加剂预混合饲料微量元素"或者"补充性宠物食品微量元素"或者"宠物营养补充剂微量元素";

——"宠物添加剂预混合饲料犬幼年期微量元素"或者"补充性宠物食品犬幼年期微量元素"或者"宠物营养补充剂犬幼年期微量元素";

——"宠物添加剂预混合饲料泰迪犬幼年期微量元素"或者"补充性宠物食品泰迪犬幼年期微量元素"或者"宠物营养补充剂泰迪犬幼年期微量元素";

——"宠物添加剂预混合饲料大型犬幼年期微量元素"或者"补充性宠物食品大型犬幼年期微量元素"或者"宠物营养补充剂大型犬幼年期微量元素"。

——"宠物添加剂预混合饲料维生素 B"或者"补充性宠物食品维生素 B"或者"宠物营养补充剂维生素 B";

——"宠物添加剂预混合饲料犬幼年期维生素 B"或者"补充性宠物食品犬幼年期维生素 B"或者"宠物营养补充剂犬幼年期维生素 B";

——"宠物添加剂预混合饲料泰迪犬幼年期维生素 B"或者"补充性宠物食品泰迪犬幼年期维生素 B"或者"宠物营养补充剂泰迪犬幼年期维生素 B";

——"宠物添加剂预混合饲料大型犬幼年期维生素 B"或者"补充性宠物食品大型犬幼年期维生素 B"或者"宠物营养补充剂大型犬幼年期维生素 B"。

三、其他宠物饲料通用名称示例

——"宠物零食肉棒";

——"宠物零食幼年期饮料";

——"宠物零食幼年期牛肉粒";

——"宠物零食幼年期洁齿磨牙棒"

——"宠物零食泰迪犬咬胶"。

四、宠物饲料产品如声称使用某种饲料原料，标示示例

—— "肉类及制品（鸡肝3.5％）"；

—— "果蔬类籽实及其制品（蔓越莓1.3％）"。

五、成分声称标示示例

（一）宠物饲料产品中某种饲料原料达到产品总重26％以上，声称标示示例：

—— "牛肉配方"；

—— "鸡肉大米配方"；

—— "牛肉鸡肉配方"。

（二）宠物饲料产品中某种饲料原料达到产品总重14％以上，声称标示示例：

—— "含牛肉配方"；

—— "含糙米配方"；

—— "含牛肉鸡肉配方"；

—— "含牛肉大米配方"。

（三）宠物饲料产品中某种饲料原料达到产品总重4％以上，声称标示示例：

—— "含牛肉"；

—— "含糙米"；

—— "含牛肉鸡肉"；

—— "含鸡肉大米"。

（四）宠物饲料产品中使用的饲料原料、宠物饲料复合调味料或者口味增强剂能够赋予产品某种风味，声称标示示例：

—— "牛肉味"；

—— "鸡肉味"；

—— "烟熏味"。

（五）宠物饲料产品中某种饲料原料的添加量足以赋予产品某些特有属性，声称标示示例：

—— "添加燕麦"；

—— "添加牛初乳"。

（六）宠物饲料产品如声称使用某种维生素、矿物质微量元素等营养素或者使用的某种饲料添加剂可以赋予产品某些特有属性，声称标示示例：

—— "含DHA"；

—— "含共轭亚油酸"。

（七）宠物饲料产品进行比较性声称时，声称标示示例：

——高蛋白全价犬粮（与××全价犬粮相比）。

六、特性声称标示示例

（一）声称应当使用"天然的"、"天然粮"或者类似字样的宠物饲料产品标示示例：

—— "天然粮，添加维生素"；

—— "天然粮，添加维生素和氨基酸"。

—— "天然色素"；

—— "天然防腐剂"。

（二）声称应当使用"新鲜的"、"鲜"或者类似字样的宠物饲料产品标示示例：

—— "新鲜鸡肉"；

—— "鲜牛肉"。

七、功能声称标示示例

（一）宠物饲料产品中如使用的某种饲料原料、饲料添加剂或者其中含有的某种营养素具有维持、增强宠物生长、发育、生理功能或者机体健康的作用，声称标示示例：

—— "含钙促进骨骼发育"；

—— "含菊苣根粉促进肠道有益菌增殖"。

（二）宠物饲料产品如对非疾病性问题具有预防性作用，声称标示示例：

—— "预防毛球产生"；

—— "预防牙垢聚集"。

附录 2

宠物饲料原料分类

序号	类别名称	与《饲料原料目录》对应的原料品种
1	谷物及其制品	"谷物及其加工产品"中的所有原料
2	油料籽实及其制品	"油料籽实及其加工产品"中的所有原料
3	豆科籽实及其制品	"豆科作物籽实及其加工产品"中的所有原料
4	果蔬类籽实及其制品	"块茎、块根及加工产品"中的所有原料、"其他籽实、果实类产品及其加工产品"中的所有原料
5	天然植物及其制品	"其他植物、藻类及其加工产品"中的7.1、7.2、7.3、7.4的原料
6	饲草类及其制品	"饲草、粗饲料及其加工产品"中的所有原料
7	藻类及其制品	"其他植物、藻类及其加工产品"中的7.5的原料
8	乳类及其制品	"乳制品及其副产品"中的所有原料
9	肉类及其制品	"陆生动物产品及其副产品"中9.1、9.3、9.6和9.7的原料
10	昆虫及其制品	"陆生动物产品及其副产品"中9.2和9.5的原料

（续）

序号	类别名称	与《饲料原料目录》对应的原料品种
11	蛋类及其制品	"陆生动物产品及其副产品"中9.4的原料
12	鱼类等水生生物及其制品	"鱼、其他水生生物及其副产品"中的所有原料
13	矿物质	"矿物质"中的所有原料
14	微生物发酵类制品	"微生物发酵产品及副产品"中的所有原料

附录3

产品成分分析保证值常用计量单位

一、粗蛋白质、粗脂肪、粗纤维、水分、粗灰分、钙、总磷、水溶性氯化物（以 Cl^- 计）、氨基酸含量，以百分含量（％）表示。

二、微量元素含量，以每克、每千克、每毫升、每升、每片、每胶囊、每粒中元素的毫克数表示。

示例：mg/g、mg/kg、mg/mL、mg/L、mg/片、mg/胶囊。

三、维生素含量，以每克、每千克、每毫升、每升、每片、每胶囊、每粒产品中含药物或者维生素的毫克数，或者以表示生物效价的国际单位（IU）表示。

示例：mg/g、mg/kg、mg/mL、mg/L、mg/片、mg/胶囊、mg/粒，或 IU/g、IU/kg、IU/mL、IU/L、IU/片、IU/胶囊。

四、酶制剂含量，以每克、每毫升、每片、每胶囊、每粒产品中含酶活性单位表示。

示例：U/g、U/mL、U/片、U/胶囊、U/粒。

五、微生物含量，以每克、每千克、每毫升、每升、每片、每胶囊、每粒产品中含微生物的菌落数或者个数表示。

示例：CFU/g、CFU/kg、CFU/mL、CFU/L、CFU/片、CFU/胶囊、CFU/粒，或者个/g、个/mL、个/片、个/胶囊。

附录4

宠物配合饲料产品成分分析保证值至少应当包括的项目及标示要求

项目	要求	标示方法
粗蛋白质	最小值	≥，或者不小于，或者至少
粗脂肪	最小值；对于进行低脂肪声称的产品，应当同时标示其最大值	≥，或者不小于，或者至少；进行低脂肪声称的产品应当标示为：最小值≤粗脂肪≤最大值，或者粗脂肪不小于，且不大于

（续）

项目	要求	标示方法
粗纤维	最大值	≤，或者不大于，或者至多
水分	最大值	≤，或者不大于，或者至多
粗灰分	最大值	≤，或者不大于，或者至多
钙	最小值	≥，或者不小于，或者至少
总磷	最小值	≥，或者不小于，或者至少
水溶性氯化物（以Cl⁻计）	最小值	≥，或者不小于，或者至少
赖氨酸，适用于犬粮	最小值	≥，或者不小于，或者至少
牛磺酸，适用于猫粮	最小值	≥，或者不小于，或者至少

附录5

宠物配合饲料适用的特定状态及主要营养特征标示示例

一、改善慢性肾功能不全状态

示例：本产品适用于慢性肾功能不全的犬、猫使用，产品中的磷和蛋白质经过科学调整。

二、帮助溶解鸟粪石

示例：本产品用于促进犬、猫鸟粪石溶解，产品中的镁和蛋白质经过科学调整。

三、减少鸟粪石再生

示例：本产品用于减少犬、猫鸟粪石再生，产品中的镁经过科学调整。

四、减少尿酸盐结石形成

示例：本产品用于减少犬、猫尿酸盐结石形成，产品中的嘌呤和蛋白质经过科学调整。

五、减少草酸盐结石形成

示例：本产品用于减少犬、猫草酸盐结石形成，产品中的钙、维生素 D 经过科学调整。

六、减少胱氨酸结石形成

示例：本产品用于减少犬、猫胱氨酸结石形成，产品中的蛋白质和含硫氨基酸经过科学调整。

七、降低急性肠道吸收障碍发生

示例：本产品用于降低犬、猫急性肠道吸收障碍发生，产品中的电解质和易消化原料经过科学调整。

八、降低原料和营养素不耐受

示例：本产品用于降低犬、猫原料和营养素的不耐受症，产品中的蛋白质或者碳水化合物经过科学调整。

九、改善消化不良

示例：本产品用于改善犬、猫消化不良，产品中原料的可消化性和脂肪经过科学调整。

十、改善慢性心脏功能不全

示例：本产品用于改善犬、猫慢性心脏功能不全，产品中的钠经过科学调整。

十一、调节葡萄糖供给

示例：本产品用于调节糖尿病犬、猫的葡萄糖供给，产品中的碳水化合物经过科学调整。

十二、改善肝功能不全

示例：本产品用于调节肝功能不全的犬、猫的营养供给，产品中的蛋白质和必需脂肪酸经过科学调整。

十三、改善高脂血症

示例：本产品用于调节犬、猫的脂肪代谢，产品中的脂肪和必需脂肪酸经过科学调整。

十四、改善甲状腺机能亢进

示例：本产品用于改善猫的甲状腺机能亢进状态，产品中的碘经过科学调整。

十五、降低肝脏中的铜含量

示例：本产品用于降低犬肝脏中的铜，产品中的铜经过科学调整。

十六、改善超重状态

示例：本产品用于降低犬、猫的多余体重，产品的能量密度经过科学调整。

十七、营养恢复期

示例：本产品用于犬、猫疾病后的营养恢复，产品的能量密度、必需营养素和易消化原料经过科学调整。

十八、改善皮肤炎症和过度脱毛

示例：本产品用于改善犬、猫皮肤炎症和过度脱毛现象，产品中的必需脂肪酸经过科学调整。

十九、改善关节炎症

示例：本产品用于改善犬、猫的关节炎症，产品中的多不饱和脂肪酸、维生素 E 等经过科学调整。

附录 6

生产日期、保质期及净含量的标示

一、生产日期的标示

生产日期中年、月、日可用空格、斜线、连字符、句点等符号分隔，或者不用分隔符。年代号一般应当标示 4 位数字，小包装食品也可以标示 2 位数字。月、日应当标示 2 位数字。

生产日期标示示例：

——"生产日期：2010 年 03 月 20 日"；

——"生产日期：20 日 03 月 2010 年"或者"生产日期：03 月 20 日 2010 年"；

——"生产日期（年/月/日）：2010 03 20"或者"生产日期（年/月/日）：2010/03/20"或者"生产日期（年/月/日）：2010 03 20"；

——"生产日期（月/日/年）：03 20 2010"或者"生产日期（月/日/年）：03/20/2010"或者"生产日期（月/日/年）：03 20 2010"；

——"生产日期（日/月/年）：20 03 2010"或者"生产日期（日/月/年）：20/03/2010"或者"生产日期（日/月/年）：20 03 2010"。

二、保质期的标示

示例：

——"保质期：××个月"或者"××日"或者"××天"或者"×年"；

——"保质期至××××年××月××日"或者"保质期至××月××日××××年"或者"保质期至××日××月××××年"；

—— "此日期前最佳……"或者"此日期前食用最佳……"或者"最好在……之前食用"或者"……之前食用最佳"（……）处填写日期。

三、净含量的标示

（一）复合包装中独立包装为同类产品的，净含量标示方式示例：

—— "净含量：40克×5"或者"净含量：40 g×5"；

—— "净含量：5×40克"或者"净含量：5×40 g"；

—— "净含量：200克（5×40克）"或者"净含量：200 g（5×40 g）"；

—— "净含量：200克（40克×5）"或者"净含量：200 g（40 g×5）"；

—— "净含量：200克（5件或者5袋或者5包或者5罐或者5听）"或者"净含量：200 g（5件或者5袋或者5包或者5罐或者5听）"；

—— "净含量：200克（100克+50克×2）"或者"净含量：200 g（100 g+50 g×2）"；

—— "净含量：200克（80克×2+40克）"或者"200 g（80 g×2+40 g）"。

（2）复合包装中独立包装为不同类产品的，净含量标示方式示例：

—— "净含量：200克（A产品40克×3，B产品40克×2）或200 g（A产品40 g×3，B产品40 g×2）"；

—— "净含量：200克（40克×3，40克×2）"或者"净含量：200 g（40 g×3，40 g×2）"；

—— "净含量：100克A产品，50克×2 B产品，50克C产品"或者"净含量：100 g A产品，50 g×2 B产品，50 g C产品"；

—— "净含量：A产品：100克，B产品：50克×2；C产品：50克"或者"净含量：A产品：100 g，B产品：50 g×2；C产品：50 g"；

—— "净含量：100克（A产品），50克×2（B产品），50克（C产品）"或者"净含量：100 g（A产品），50 g×2（B产品），50 g（C产品）"；

—— "净含量：A产品100克，B产品50克×2，C产品50克"或者"净含量：A产品100 g，B产品50 g×2，C产品50 g"。

附录7

可进行水分还原的原料种类及其计算方法

一、可进行水分还原的原料种类及还原后水分还原标准

新鲜水果和蔬菜（不包括由果蔬皮渣制成的副产品）的脱水物：90.0%；

肉类、鱼类（仅包括可食用动物组织）的脱水物：75.0%；

谷物：15.0%。

二、含水原料水分还原示例

（一）固态/半固态宠物饲料

原料	配方组成，kg	原料的水分含量，%	配方中的干物质含量，kg	水分还原标准，%	还原后的配方组成，kg	还原后的配方组成比例，%
玉米	66.0	10.0	59.4	15.0	69.9	37.2
鸡肉粉	24.2	10.0	21.8	75.0	87.2	46.4
牛肉粉	1.8	11.1	1.6	75.0	6.4	3.4
胡萝卜粉	2.0	8.0	1.8	90.0	18.4	9.8
添加剂预混合饲料	4.0		4.0		4.0	2.1
油脂	2.0		2.0		2.0	1.1
总计	100.0				187.9	100.0

注：上述示例中，原配方中 24.2 kg 的鸡肉粉经水分还原后相当于 87.2 kg 的鸡肉，占还原后配方组成比例 46.4%，可以进行"鸡肉配方"的声称；原配方中 2.0 kg 的胡萝卜粉经水分还原后相当于 18.4 kg 的胡萝卜，占还原后配方组成比例 9.8%，可以进行"含胡萝卜"的声称；原配方中 1.8 kg 的牛肉粉经水分还原后相当于 6.4 kg 的牛肉，占还原后配方组成比例 3.4%，可以进行"牛肉味"的声称。

（二）液态宠物饲料

原料	配方组成，kg	原料的水分含量，%	配方中的干物质含量，kg	水分还原标准，%	还原后的配方组成，kg	还原后的配方组成比例，%
水	42				35.4	35.4
牛肉	35				35	35
鸡肉	18.2				18.2	18.2
鱼肉	2.0				2	2
添加剂预混合饲料	2.0				2	2
胡萝卜粉	0.8	8.0	0.7	90.0	7.4	7.4[2]
总计	100.0				100.0[1]	100.0

注：1. 上述示例中，配方中 0.8 kg 的胡萝卜粉经水分还原后重量增加至 7.4 kg，增加的 6.6 kg 重量可视为来源于配方中的水分，所以计算还原后的配方组成比例时配方总重量保持 100 kg 不变。

2. 配方中 0.8 kg 的胡萝卜粉经水分还原后相当于 7.4 kg 的胡萝卜，占还原后配方组成比例 7.4%，可以进行"含胡萝卜"的声称。

附录 8

产品能量值的计算方法

一、犬用宠物饲料产品能量值计算方法（每 100 g 产品中）

（一）总能（GE）计算

总能（kcal）＝5.7×粗蛋白质克数＋9.4×粗脂肪克数＋4.1×（无氮浸出物克数＋粗纤维克数）

（二）能量消化率（％）计算

能量消化率（％）＝91.2－1.43×干物质中粗纤维所占百分比数

（三）消化能（DE）计算

消化能（kcal）＝GE×能量消化率（％）

（四）代谢能（ME）计算

代谢能（kcal）＝DE－1.04×粗蛋白克数

（五）单位换算

1 kcal＝4.186 kJ

示例：

以 100 克犬用配合饲料产品为例计算其能量值，其中含 80 g 水分、7 g 粗蛋白质、4 g 粗脂肪、3 g 粗灰分、1 g 粗纤维和 5 g 无氮浸出物

GE(kcal)＝5.7×7＋9.4×4＋4.1×(1＋5)＝102.1

$$干物质中粗纤维所占百分比数＝\frac{1}{100－80}×100＝5$$

能量消化率（％）＝91.2－(1.43×5)＝84.05％

DE(kcal)＝102.1×84.05％＝85.8

ME(kcal)＝85.8－1.04×7＝78.5

ME(kJ)＝78.5×4.186＝328.6

二、猫用宠物饲料产品能量值计算方法（每 100 g 产品中）

（一）总能（GE）计算

总能（kcal）＝5.7×粗蛋白质克数＋9.4×粗脂肪克数＋4.1×(无氮浸出物克数＋粗纤维克数)

（二）能量消化率（％）计算

能量消化率（％）＝87.9－0.88×干物质中粗纤维所占百分比数

（三）消化能（DE）计算

消化能（kcal）＝GE×能量消化率（％）

（四）代谢能（ME）计算

代谢能（kcal）＝DE－0.77×粗蛋白质克数

（五）单位换算

1 kcal＝4.186 kJ

示例：

以 100 克猫用宠物配合饲料产品为例计算其能量值，其中含 80 g 水分、7 g 粗蛋白、4 g 粗脂肪、3 g 粗灰分、1 g 粗纤维和 5 g 无氮浸出物

GE(kcal)＝5.7×7＋9.4×4＋4.1×(1＋5)＝102.1

$$干物质中粗纤维所占百分比数＝\frac{1}{100-80}\times100=5$$

能量消化率（％）＝87.9－（0.88×5）＝83.5％

DE(kcal)＝102.1×83.5％＝85.3

ME(kcal)＝85.3－0.77×7＝79.9

ME(kJ)＝79.9×4.186＝334.5

附录9

不同包装物或者包装容器上标签最大表面面积计算方法

一、长方体形包装物或者包装容器上的计算方法

长方体形包装物或者包装容器的最大一个侧面的高度（cm）乘以宽度（cm）。

二、圆柱形包装物或者包装容器、近似圆柱形包装物或者包装容器上的计算方法

包装物或者包装容器的高度（cm）乘以圆周长（cm）的40％。

三、其他形状的包装物或者包装容器上的计算方法

包装物或者包装容器的总表面积的40％。

四、如果包装物或者包装容器有明显的主要展示版面，应以主要展示版面的面积为最大表面面积。

五、包装袋等计算表面面积时应除去封边所占尺寸。瓶形或者罐形包装计算表面面积时不包括肩部、颈部、顶部和底部的凸缘。

附件4

宠物饲料卫生规定

一、为加强宠物饲料管理，保障宠物饲料产品质量安全和宠物健康，依据《饲料和饲料添加剂管理条例》《宠物饲料管理办法》，制定本规定。

二、在中华人民共和国境内生产、销售的供宠物犬、宠物猫直接食用的宠物饲料产品的卫生指标，应当符合本规定的要求。

三、国务院农业行政主管部门和县级以上地方人民政府饲料管理部门，应当以卫生指标为重点，根据需要定期或者不定期组织实施宠物饲料产品监督抽查。

四、国务院农业行政主管部门和省级人民政府饲料管理部门应当按照职责权限公布监督抽查结果，并可以公布具有不良记录的宠物饲料生产企业、经营者以及为经营者提供服务的第三方交易平台名单。

五、宠物饲料生产企业、经营者生产、经营的宠物饲料不符合本规定卫生指标要求的，依据《饲料和饲料添加剂管理条例》第四十六条进行处罚。

六、本规定自2018年6月1日起施行。

附录

宠物饲料卫生指标及试验方法

类别	序号	卫生指标	产品名称	限量①	试验方法	备注
无机污染物和含氮化合物	1	氟，mg/kg	宠物配合饲料	≤150	GB/T 13083	—
			宠物添加剂预混合饲料、其他宠物饲料	≤500（磷含量≤4%时） ≤125/1%的磷含量（磷含量>4%时）②		表中磷含量以干物质含量88%计
	2	镉，mg/kg	宠物配合饲料、宠物添加剂预混合饲料、其他宠物饲料	≤2	GB/T 13082	—
	3	铬，mg/kg	宠物配合饲料、宠物添加剂预混合饲料、其他宠物饲料	≤5	GB/T 13088—2006（原子吸收光谱法）	—
	4	汞，mg/kg	宠物配合饲料、宠物添加剂预混合饲料、其他宠物饲料	≤0.3	GB/T 13081	—
	5	铅，mg/kg	宠物配合饲料	≤5	GB/T 13080	—
			宠物添加剂预混合饲料、其他宠物饲料	≤10		
	6	总砷，mg/kg	含有水生动物及其制品或者藻类及其制品的宠物配合饲料、宠物添加剂预混合饲料和其他宠物饲料	≤10	总砷：GB/T 13079 无机砷：GB/T 23372	其中，无机砷含量不超过2 mg/kg
			不含有水生动物及其制品或者藻类及其制品的宠物配合饲料	≤2		
			不含有水生动物及其制品的宠物添加剂预混合饲料和其他宠物饲料	≤4		
	7	三聚氰胺，mg/kg	宠物配合饲料、其他宠物饲料	≤2.5	NY/T 1372	水分达到或超过60%的罐头宠物饲料以原样计
	8	亚硝酸盐（以NaNO₂计），mg/kg	水分含量小于14%的宠物配合饲料	≤15	GB/T 13085	—

（续）

类别	序号	卫生指标	产品名称	限量①	试验方法	备注
真菌毒素	9	黄曲霉毒素 B₁，μg/kg	宠物配合饲料、宠物添加剂预混合饲料、其他宠物饲料	≤10	NY/T 2071（适用于水分含量<60%的宠物饲料）；GB/T 30955（适用于水分含量≥60%的宠物饲料）	—
	10	伏马毒素（B₁+B₂），mg/kg	宠物配合饲料、宠物添加剂预混合饲料、其他宠物饲料	≤5	NY/T 1970	—
	11	脱氧雪腐镰刀菌烯醇（呕吐毒素），mg/kg	宠物配合饲料（猫用）、宠物添加剂预混合饲料（猫用）、其他宠物饲料	≤5	GB/T 30956	—
			宠物配合饲料（犬用）、宠物添加剂预混合饲料（犬用）	≤2		
	12	玉米赤霉烯酮，mg/kg	宠物配合饲料（幼年期、妊娠期和哺乳期）、宠物添加剂预混合饲料（幼年期、妊娠期和哺乳期）、其他宠物饲料	≤0.15	NY/T 2071	—
			宠物配合饲料（成年期）、宠物添加剂预混合饲料（成年期）	≤0.25		
	13	赭曲霉毒素 A，mg/kg	宠物配合饲料、宠物添加剂预混合饲料、其他宠物饲料	≤0.01	GB/T 30957	—
	14	T-2 和 HT-2，mg/kg	宠物配合饲料（猫用）、宠物添加剂预混合饲料（猫用）、其他宠物饲料	≤0.05	SN/T 3136	—
天然植物毒素	15	氰化物（以 HCN 计），mg/kg	宠物配合饲料、宠物添加剂预混合饲料、其他宠物饲料	≤50	GB/T 13084	—

（续）

类别	序号	卫生指标	产品名称		限量①	试验方法	备注
	16	滴滴涕（DDT），mg/kg	宠物配合饲料、宠物添加剂混合饲料、其他宠物饲料		≤0.05	GB/T 13090	—
	17	多氯联苯（以PCB28、PCB52、PCB101、PCB138、PCB153、PCB180 总和计），μg/kg	宠物配合饲料、宠物添加剂混合饲料、其他宠物饲料		≤40	GB 5009.190	—
有机氯污染物	18	六六六（HCH），mg/kg	α–HCH	宠物配合饲料、宠物添加剂预混合饲料、其他宠物饲料	≤0.02	GB/T 13090	—
			β–HCH	宠物配合饲料、宠物添加剂预混合饲料、其他宠物饲料	≤0.01		
			γ–HCH	宠物配合饲料、宠物添加剂预混合饲料、其他宠物饲料	≤0.2		
	19	六氯苯（HCB），mg/kg	宠物配合饲料、宠物添加剂预混合饲料、其他宠物饲料		≤0.01	SN/T 0127	—
微生物污染物	20	沙门氏菌，（25 g 中）	宠物配合饲料（罐头除外）		不得检出	GB/T 13091	—
			宠物添加剂预混合饲料（罐头除外）、其他宠物饲料（罐头除外）		不得检出		
	21	微生物	宠物配合饲料（罐头）、宠物添加剂预混合饲料（罐头）、其他宠物饲料（罐头）		商业无菌	GB 4789.26	—

说明：①表中所列限量，除特别注明外均以干物质含量88%计（微生物污染物指标除外）。②宠物添加剂预混合饲料、其他宠物饲料，其他宠物饲料产品的磷含量大于4%时，每增加1%的磷，其氟限量在500 mg/kg 的基础上增加125 mg/kg。例如：宠物添加剂预混合饲料、其他宠物饲料的磷含量为5%时，其氟限量为625 mg/kg；磷含量为5.5%时，其氟限量按比例增加为687.5 mg/kg。

附件 5

宠物配合饲料生产许可申报材料要求

一、许可范围

（一）在中华人民共和国境内生产宠物配合饲料的企业（以下简称企业）。

（二）宠物配合饲料，是指为满足宠物不同生命阶段或者特定生理、病理状态下的营养需要，将多种饲料原料和饲料添加剂按照一定比例配制的饲料，单独使用即可满足宠物全面营养需要。

宠物配合饲料分为：固态宠物配合饲料、半固态宠物配合饲料、液态宠物配合饲料。

（三）本要求适用于以下情形：

1. 设立：指企业首次申请生产许可；

2. 续展：指企业生产许可有效期满继续生产；

3. 增加或者更换生产线：增加生产线指企业在同一厂区增建已获得许可产品的生产线；更换生产线指企业对已有生产线的关键设备或生产工艺进行重大调整；

4. 增加产品品种：指企业申请增加生产许可范围以外的产品品种；

5. 迁址：指企业迁移出原生产地址，搬迁至新的生产地址；

6. 变更：指企业名称变更、法定代表人变更、注册地址或者注册地址名称变更、生产地址名称变更。

二、申报材料格式要求

（一）企业应当按照《宠物配合饲料生产许可申报材料一览表》的要求提供相关材料。

（二）申报材料应当使用 A4 规格纸、小四号宋体打印，按照《宠物配合饲料生产许可申报材料一览表》顺序编制目录、装订成册并标注页码。表格不足时可加续表。申报材料应当清晰、干净、整洁。

（三）申报材料中企业提供的企业承诺书、宠物配合饲料生产许可申请书、工商营业执照、企业组织机构图、主要机构负责人毕业证书或职称证书、厂区平面布局图、生产工艺流程图和工艺说明、计算机自动化控制系统配料精度证明、混合机混合均匀度检测报告、检验化验室平面布置图、检验仪器购置发票、企业管理制度等证明材料原件或者复印件的首页应当加盖企业公章。

（四）申报材料一式两份（包括纸质文件和电子文档光盘），其中一份报送省级人民政府饲料管理部门，承担具体受理工作的饲料管理部门留存一份。

（五）申报材料电子文档采用 PDF 格式，相关证明文件应为原件扫描件，文件名为企业全称。

（六）增加或更换生产线、增加产品品种的，仅提供与申请事项相关的资料。

（七）对于企业生产过程中不涉及的工艺和设备，申报材料中相关内容可不填写，但应另附文字说明。

三、申报材料内容要求

（一）企业承诺书

（二）宠物配合饲料生产许可申请书

1. 封面

1.1　生产许可证编号：已获得生产许可证的企业填写原生产许可证编号，新设立的企业不填写。

1.2　产品类别：根据企业情况，在固态宠物配合饲料、半固态宠物配合饲料、液态宠物配合饲料后面的"□"中打"√"。

1.3　企业名称：填写企业工商营业执照上的注册名称，并加盖企业公章。

1.4　联系人：填写企业负责办理生产许可的工作人员姓名。

1.5　联系方式：填写企业负责办理生产许可的联系人的手机、固定电话（注明区号）、传真等。

1.6　申请事项：根据企业情况分别在选项后面的"□"中打"√"。

1.7　申报日期：填写企业报出材料的日期。

2. 企业基本情况

各栏仅填写与申请事项相关的内容。

2.1　企业名称：填写企业工商营业执照上的注册名称。

2.2　生产地址：填写企业生产所在地详细地址，注明省（自治区、直辖市）、市（地）、县（市、区）、乡（镇、街道）、村（社区）、路（街）、号。

2.3　法定代表人、统一社会信用代码、住所（注册地址）、企业类型、注册资本：按照企业工商营业执照填写。

2.4　固定资产：指厂房、设备和设施等资产总值。

2.5　所属法人机构信息：如企业为非法人单位，应当填写所属法人机构信息。

2.6　主要机构设置及人员组成

机构名称按照企业实际情况填写技术、生产、质量、销售、采购等机构。

人员总数填写与企业签订全日制用工劳动合同并缴纳了养老、医疗等保险的人员数量。

专业技术人员填写企业的技术、生产、质量、销售、采购等机构中取得中专以上学历或者初级以上技术职称的人员数量。

2.7　企业简介包括建立时间或者变迁来源、隶属关系、所有权性质、生产产品、生产能力、技术水平、工艺装备、质量管理等内容（1 000字以内）。

3. 产品基本情况

3.1　生产线名称：按照产品品种进行命名。如固态宠物配合饲料生产线、半固态宠物配合饲料生产线、液态宠物配合饲料生产线。

3.2　生产能力：固态宠物配合饲料生产线按照膨化设备的设计生产能力（吨/小时）填写；半固态宠物配合饲料生产线按照杀菌设备的设计生产能力（立方米）填写；液态宠物配合饲料生产线按照配液设备的生产能力（升）填写。

3.3　产品品种：按照固态宠物配合饲料、半固态宠物配合饲料、液态宠物配合饲料填写。

3.4　产品系列：按照饲喂宠物划分，分别填写犬、猫。

4. 生产设备明细表

4.1　企业应当以生产线为单位，填写与生产工艺流程图一致的设备。

4.1.1　固态宠物配合饲料填写粉碎、配料、提升、混合、调质、膨化、干燥、喷涂、冷却、计量、包装、异物检除等设备以及除尘系统和电控系统等辅助设备。

4.1.2　半固态宠物配合饲料填写粉碎、配料、混合、乳化、蒸煮、冷却、计量、灌装、包装、异物检除等设备以及电控系统等辅助设备。

4.1.3　液体宠物配合饲料填写原料前处理、称量、配液、过滤、灌装等设备以及电控系统等辅助设备。有均质工序的还需填写均质设备。

4.1.4　有新鲜或者冷冻动物源性原料预处理工序的，填写除杂、粉碎、均质、水解等设备或者设施。

4.1.5　有添加剂预混合工艺的，填写混合机、除尘器等设备。

4.1.6　生产罐头等具有商业无菌要求的产品的，还需填写杀菌设备或者提供与其他机构签订的处于有效期的产品杀菌委托协议。

4.2　生产线名称及序号：与 3.1 对应，并逐一填写。

4.3　设备名称、型号规格、生产厂家、出厂日期：按照设备说明书或者设备铭牌填写。

4.4　技术性能指标：填写反映生产设备主要特征的技术性能参数。

5. 检验仪器明细表

5.1　按照宠物饲料生产企业许可条件规定逐一列出。

5.2　仪器名称、型号规格、生产厂家、出厂日期、出厂编号：按照仪器说明书或者仪器铭牌填写。

5.3　技术性能指标：填写检验仪器主要技术性能参数。

6. 主要管理技术人员登记表

填写与企业签订全日制用工劳动合同并缴纳了养老、医疗等保险的人员，包括企业负责人、技术负责人、生产负责人、质量负责人、销售负责人、采购负责人、检验化验员等，其中检验化验员至少 2 名。

（三）工商营业执照

提供本企业的工商营业执照复印件，尚未取得工商注册的企业除外。非法人单位还应当提供所属法人单位的工商营业执照复印件。

（四）企业组织机构图

提供包括技术、生产、质量、销售、采购等机构的企业组织机构图。

（五）主要机构负责人毕业证书或职称证书

提供技术、生产和质量机构负责人的毕业证书或者职称证书复印件。

（六）厂区平面布局图

按比例绘制厂区平面布局图，并注明生产、检化验、生活、办公等功能区。

1. 固态宠物配合饲料生产区应当标明原料库、配料间、加工间、成品库和附属物品库房的基本尺寸。

2. 半固态宠物配合饲料生产区应当标明原料库、前处理间、配料间、加工间、灌装间（区）、外包装间（区）、成品库和附属物品库房的基本尺寸。

3. 液态宠物配合饲料生产区应当标明原料库、前处理间、配料间、加工灌装间、外包装间、成品库和附属物品库房的基本尺寸。

4. 使用新鲜或者冷冻动物源性原料的，应当标明冷藏或者冷冻设备或者设施的基本尺寸。

（七）生产工艺流程图和工艺说明

按照企业实际生产线数量逐一提供生产工艺流程图和工艺说明，生产工艺流程图应当使用规范的饲料加工设备图形符号绘制。

工艺说明应当反映主要生产步骤、目的、原理、实施方式、实施效果等内容。使用同一套生产设备生产不同宠物饲料产品的，应当提供防止交叉污染措施。生产区以及生产线中的设备设施如与动物源性成分接触，还应当提供生产区域、生产设备设施的清洗消毒措施。使用化学药品进行清洗消毒的，还应当说明化学药品贮存方式、使用后的处理措施。

（八）计算机自动化控制系统配料精度证明

生产固态宠物配合饲料的，提供计算机自动化控制系统配料精度的自检报告或者专业检验机构出具的检验报告或者系统供应商提供的技术参数证明复印件。

（九）混合机混合均匀度检测报告

生产中使用混合机的，提供所有混合机的混合均匀度自检报告或者专业检验机构出具的检验报告或者供应商提供的技术参数证明复印件。

（十）检验化验室平面布置图

按比例绘制检验化验室平面布置图，图中标明天平室、理化分析室、仪器室和留样观察室等功能室以及功能室的基本尺寸和检验仪器的位置。固态和半固态宠物配合饲料生产企业，还应当标明微生物检验室及其准备间、缓冲间、无菌间的基本尺寸。

（十一）检验仪器购置发票

有检验仪器购置发票的提供发票复印件。无法提供购置发票的，提供检验仪器已列入企业固定资产的证明材料。

（十二）企业管理制度

提供企业按照《饲料质量安全管理规范》制定的主要管理制度的名称、主要内容等（1 500字以内）。

（十三）企业生产许可证

已经取得生产许可证的企业，提供生产许可证复印件。

（十四）相关证明材料

提出变更申请的，提供企业所在地相关管理部门出具的证明材料。

宠物配合饲料生产许可申报材料一览表

序号	申报材料项目	设立	续展	增加或更换生产线	增加产品品种	迁址	变更企业名称	变更企业法定代表人	变更企业注册地址或注册地址名称	变更企业生产地址名称
1	企业承诺书	√	√	√	√	√				
2	宠物配合饲料生产许可申请书	√	√	√	√	√				
3	工商营业执照	√	√			√	√	√	√	√
4	企业组织机构图	√				√				
5	主要机构负责人毕业证书或职称证书	√	√							
6	厂区平面布局图	√	√	√	√	√				
7	生产工艺流程图和工艺说明	√	√	√	√	√				
8	计算机自动化控制系统配料精度证明	√	√	√	√	√				
9	混合机混合均匀度检测报告	√	√	√	√	√				
10	检验化验室平面布置图	√	√			√				
11	检验仪器购置发票	√	√			√				
12	企业管理制度	√				√				
13	企业生产许可证		√	√	√	√	√	√	√	√
14	相关证明材料						√	√	√	√

注：1. 增加或者更换生产线、增加产品品种的，仅提供与申请事项相关的材料。

2. 表中序号 8，仅适用于配料、混合工段采用计算机自动化控制系统的企业。

3. 表中序号 9，不适用于液态宠物配合饲料生产企业。

企 业 承 诺 书

一、申报材料真实性承诺

（一）本企业对《饲料和饲料添加剂管理条例》《饲料和饲料添加剂生产许可管理办法》《宠物饲料管理办法》《宠物饲料生产企业许可条件》及其相关要求已经充分理解。

（二）本企业提供的纸质和电子申报材料均真实、完整、一致。申报材料中如有虚假不实信息，自愿承担一切后果及法律责任。

二、遵纪守法承诺

本企业严格遵守《饲料和饲料添加剂管理条例》及其配套规章和规范性文件的规定，严格遵守国家关于计量、环保、安全生产、劳动保护、消防安全、危险化学品使用、实验室管理等相关管理规定。如有违纪违法行为，自愿承担一切后果及法律责任。

法定代表人（负责人）签名

（企业公章）

年　　月　　日

生产许可证编号：

宠物配合饲料生产许可申请书

产品品种：固态宠物配合饲料□

半固态宠物配合饲料□

液态宠物配合饲料□

企业名称：＿＿＿＿＿＿＿＿＿＿（公章）＿＿＿＿＿＿

联 系 人：＿＿＿＿＿＿＿＿＿＿＿＿＿＿＿＿＿＿＿

联系方式：＿＿＿＿＿＿＿＿＿＿＿＿＿＿＿＿＿＿＿

申请事项：设立□　　　　续展□　　　增加或更换生产线□

增加产品品种□　　　迁址□

申报日期：＿＿＿＿年　　月　　日

中华人民共和国农业农村部制

表 1 企业基本情况

企业名称		
生产地址		
通讯地址及邮编		
法定代表人		
统一社会信用代码		
住所（注册地址）		
企业类型		
注册资本（万元）		固定资产（万元）	

所属法人机构信息	名称			
	住所			
	统一社会信用代码		法定代表人	
	企业类型		联系人	
	联系电话		传真	

主要机构设置及人员组成	机构名称					
	人数					
	人员总数		其中专业技术人员			

企业简介：

表 2 产品基本情况

生产线序号	生产线一	生产线二	生产线三	生产线四
生产线名称				
生产能力（吨/小时）（立方米）（升）				
产品品种	产品系列			

表3 生产设备明细表 （续）

生产线名称及序号					
序号	设备名称	型号规格	生产厂家	出厂日期（年月）	技术性能指标

表4 检验仪器明细表

序号	仪器名称	型号规格	生产厂家	出厂日期（年月）	出厂编号	技术性能指标

表5 主要管理技术人员登记表

序号	姓名	职务	职称	学历	所学专业	获证书时间、种类及编号	发证机关

注："证书"指与企业签订了全日制用工劳动合同并缴纳了养老、医疗等保险的管理人员、技术人员的职称证书、最高学历证书。

附件6

宠物添加剂预混合饲料生产许可申报材料要求

一、许可范围

（一）在中华人民共和国境内生产宠物添加剂预混合饲料的企业（以下简称企业）。

（二）宠物添加剂预混合饲料，是指为满足宠物对氨基酸、维生素、矿物质微量元素、酶制剂等营养性饲料添加剂的需要，由营养性饲料添加剂与载体或者稀释剂按照一定比例配制的饲料。

宠物添加剂预混合饲料分为：固态宠物添加剂预混合饲料、半固态宠物添加剂预混合饲料、液态宠物添加剂预混合饲料。

（三）本要求适用于以下情形：

1. 设立：指企业首次申请生产许可；

2. 续展：指企业生产许可有效期满继续生产；

3. 增加或者更换生产线：增加生产线指企业在同一厂区增建已获得许可产品的生产线；更换生产线指企业对已有生产线的关键设备或者生产工艺进行重大调整；

4. 增加产品品种：指企业申请增加生产许可范围以外的产品品种；

5. 迁址：指企业迁移出原生产地址，搬迁至新的生产地址；

6. 变更：指企业名称变更、法定代表人变更、注册地址或者注册地址名称变更、生产地址名称变更。

二、申报材料格式要求

（一）企业应当按照《宠物添加剂预混合饲料生产许可申报材料一览表》的要求提供相关材料。

（二）申报材料应当使用 A4 规格纸、小四号宋体打印，按照《宠物添加剂预混合饲料生产许可申报材料一览表》顺序编制目录、装订成册并标注页码。表格不足时可加续表。申报材料应当清晰、干净、整洁。

（三）申报材料中企业提供的企业承诺书、宠物添加剂预混合饲料生产许可申请书、工商营业执照、企业组织机构图、主要机构负责人毕业证书或者职称证书、厂区平面布局图、生产工艺流程图和工艺说明、混合机混合均匀度检测报告、检验化验室平面布置图、检验仪器购置发票、企业管理制度等证明材料原件或者复印件的首页应当加盖企业公章。

（四）申报材料一式两份（包括纸质文件和电子文档光盘），其中一份报送省级人民政府饲料管理部门，承担具体受理工作的机构留存一份。

（五）申报材料电子文档采用 PDF 格式，相关证明文件应为原件扫描件，文件名称为企业全称。

（六）增加或者更换生产线、增加产品品种的，仅提供与申请事项相关的资料。

（七）对于企业生产过程中不涉及的工艺和设备，申报材料中相关内容可不填写，但应另附文字说明。

三、申报材料内容要求

（一）企业承诺书

（二）宠物添加剂预混合饲料生产许可申请书

1. 封面

1.1　生产许可证编号：已获得生产许可证的企业填写原生产许可证编号，新设立的企业不填写。

1.2　产品品种：根据企业情况，在固态宠物添加剂预混合饲料、半固态宠物添加剂预混合饲料、液态宠物添加剂预混合饲料后面的"□"中打"√"。

1.3　企业名称：填写企业工商营业执照上的注册名称，并加盖企业公章。

1.4　联系人：填写企业负责办理生产许可的工作人员姓名。

1.5　联系方式：填写企业负责办理生产许可的联系人的手机、固定电话（注明区号）、传真等。

1.6　申请事项：根据企业情况分别在选项后面的"□"中打"√"。

1.7　申报日期：填写企业报出材料的日期。

2. 企业基本情况

各栏仅填写与申请事项相关的内容。

2.1　企业名称：填写企业工商营业执照上的注册名称。

2.2　生产地址：填写企业生产所在地详细地址，注明省（自治区、直辖市）、市（地）、县（市、区）、乡（镇、街道）、村（社区）、路（街）、号。

2.3　法定代表人、统一社会信用代码、住所（注册地址）、企业类型、注册资本：按照企业工商营业执照填写。

2.4　固定资产：指厂房、设备和设施等资产总值。

2.5　所属法人机构信息：如企业为非法人单位，应当填写所属法人机构信息。

2.6　主要机构设置及人员组成

机构名称按照企业实际情况填写技术、生产、质量、销售、采购等机构。

人员总数填写与企业签订全日制用工劳动合同并缴纳了养老、医疗等保险的人员数量。

专业技术人员填写企业的技术、生产、质量、销售、采购等机构中取得中专以上学历或者初级以上技术职称的人员数量。

2.7　企业简介包括建立时间或者变迁来源、隶属关系、所有权性质、生产产品、生产能力、技术水平、工艺装备、质量管理等内容（1 000字以内）。

3. 产品基本情况

3.1 生产线名称：按照产品品种进行命名。如固态宠物添加剂预混合饲料生产线、半固态宠物添加剂预混合饲料生产线、液态宠物添加剂预混合饲料生产线等。

3.2 生产能力：固态宠物添加剂预混合饲料生产线按照混合设备的设计生产能力（吨/小时）填写，计算方法为混合机有效容积×0.5平均容重×10批/小时；半固态宠物添加剂预混合饲料生产线按照灌装设备的设计生产能力（支/小时）填写；液态宠物添加剂预混合饲料生产线按照配液设备的生产能力（升）填写。

3.3 产品品种：按照固态宠物添加剂预混合饲料、半固态宠物添加剂预混合饲料、液态宠物添加剂预混合饲料填写。

3.4 产品系列：按照饲喂宠物划分，分别填写犬、猫。

4. 生产设备明细表

4.1 企业应当以生产线为单位，填写与生产工艺流程图一致的设备。

4.1.1 固态宠物添加剂预混合饲料填写原料除杂、配料、混合、成型、计量、自动包装等设备以及除尘系统和电控系统等辅助设备。

4.1.2 半固态宠物添加剂预混合饲料填写称量、加热、配料、搅拌、灌装、包装等设备以及电控系统等辅助设备。

4.1.3 液态宠物添加剂预混合饲料填写原料前处理、称量、配液、过滤、灌装等设备以及电控系统等辅助设备。有均质工序的还需填写均质设备。

4.1.4 有添加剂预混合工艺的，还需填写混合机、除尘器等设备。

4.2 生产线名称及序号：与3.1对应，并逐一填写。

4.3 设备名称、型号规格、生产厂家、出厂日期：按照设备说明书或者设备铭牌填写。

4.4 材质：填写生产设备的制造材料名称。

4.5 技术性能指标：填写反映生产设备主要特征的技术性能参数。

5. 检验仪器明细表

5.1 按照宠物饲料生产企业许可条件规定逐一列出。

5.2 仪器名称、型号规格、生产厂家、出厂日期、出厂编号：按照仪器说明书或者仪器铭牌填写。

5.3 技术性能指标：填写检验仪器主要技术性能参数。

6. 主要管理技术人员登记表

填写与企业签订全日制用工劳动合同并缴纳了养老、医疗等保险的人员，包括企业负责人、技术负责人、生产负责人、质量负责人、销售负责人、采购负责人、检验化验员等，其中检验化验员至少2名。

（三）工商营业执照

提供本企业的工商营业执照复印件，尚未取得工商注册的企业除外。非法人单位还应当提供所属法人单位的工商营业执照复印件。

（四）企业组织机构图

提供包括技术、生产、质量、销售、采购等机构的企业组织机构图。

（五）主要机构负责人毕业证书或职称证书

提供技术、生产和质量机构负责人的毕业证书或者职称证书复印件。

（六）厂区平面布局图

按比例绘制厂区平面布局图，并注明生产、检化验、生活、办公等功能区

1. 固态宠物添加剂预混合饲料的生产区应当标明原料库、配料间、加工间、成品库和附属物品库房的基本尺寸。

2. 半固态宠物添加剂预混合饲料的生产区应当标明原料库、前处理间、配料间、加工间、灌装间（区）、外包装间（区）、成品库和附属物品库房的基本尺寸。

3. 液态宠物添加剂预混合饲料的生产区应当标明原料库、前处理间、配料间、加工罐装间、外包装间、成品库和附属物品库房的基本尺寸。

（七）生产工艺流程图和工艺说明

按照企业实际生产线数量逐一提供生产工艺流程图和工艺说明，生产工艺流程图应当使用规范的饲料加工设备图形符号绘制。

工艺说明应当反映主要生产步骤、目的、原理、实施方式、实施效果等内容。使用同一套生产设备生产不同宠物饲料产品的，还应当提供防止交叉污染措施。

（八）混合机混合均匀度检测报告

生产中使用混合机的，提供所有混合机的混合均匀度自检报告或者专业检验机构出具的检验报告或供应商提供的技术参数证明复印件。

（九）检验化验室平面布置图

按比例绘制检验化验室平面布置图，图中标明天平室、前处理室、仪器室和留样观察室等功能室以及功能室的基本尺寸和检验仪器的位置。

（十）检验仪器购置发票

有检验仪器购置发票的提供发票复印件。无法提供购置发票的，提供检验仪器已列入企业固定资产的证明材料。

（十一）企业管理制度

提供企业按照《饲料质量安全管理规范》制定的主要管理制度的名称、主要内容等（1 500字以内）。

（十二）企业生产许可证

已经取得生产许可证的企业，提供生产许可证复印件。

（十三）相关证明材料

提出变更申请的，提供企业所在地相关管理部门出具的证明材料。

宠物添加剂预混合饲料生产许可申报材料一览表

序号	申报材料项目	设立	续展	增加或更换生产线	增加产品品种	迁址	变更企业名称	变更企业法定代表人	变更企业注册地址或注册地址名称	变更企业生产地址名称
1	企业承诺书	√	√	√	√	√				
2	宠物添加剂预混合饲料生产许可申请书	√	√	√	√	√				
3	工商营业执照	√	√				√	√	√	√
4	企业组织机构图						√			
5	主要机构负责人毕业证书或职称证书	√	√				√			
6	厂区平面布局图	√	√	√	√					
7	生产工艺流程图和工艺说明	√	√	√	√					
8	混合机混合均匀度检测报告	√	√	√	√					
9	检验化验室平面布置图	√	√	√	√					
10	检验仪器购置发票	√	√	√	√					
11	企业管理制度	√	√				√			
12	企业生产许可证		√	√	√	√	√	√	√	√
13	相关证明材料						√	√	√	√

备注：1. 增加或者更换生产线、增加产品品种的，仅提供与申请事项相关的材料。

2. 表中序号8，不适用于液态宠物添加剂预混合饲料生产企业。

企 业 承 诺 书

一、申报材料真实性承诺

（一）本企业对《饲料和饲料添加剂管理条例》《饲料和饲料添加剂生产许可管理办法》《宠物饲料管理办法》《宠物饲料生产企业许可条件》及其相关要求已经充分理解。

（二）本企业提供的纸质和电子申报材料均真实、完整、一致。申报材料中如有虚假不实信息，自愿承担一切后果及法律责任。

二、遵纪守法承诺

本企业严格遵守《饲料和饲料添加剂管理条例》及其配套规章和规范性文件的规定，严格遵守国家关于计量、环保、安全生产、劳动保护、消防安全、危险化学品使用、实验室管理等相关管理规定。如有违纪违法行为，自愿承担一切后果及法律责任。

法定代表人（负责人）签名

（企业公章）

年　　月　　日

生产许可证编号：

宠物添加剂预混合饲料生产许可申请书

产品品种：固态宠物添加剂预混合饲料□

半固态宠物添加剂预混合饲料□

液态宠物添加剂预混合饲料□

企业名称：＿＿＿＿＿＿（公章）

联 系 人：＿＿＿＿＿＿＿＿＿＿＿

联系方式：＿＿＿＿＿＿＿＿＿＿＿

申请事项：设立□　　　续展□　　　增加或更换生产线□

增加产品品种□　　　迁址□

申报日期：＿＿＿＿年　　月　　日

中华人民共和国农业农村部制

表1　企业基本情况

企业名称						
生产地址						
通讯地址及邮编						
法定代表人						
统一社会信用代码						
住所（注册地址）						
企业类型						
注册资本（万元）			固定资产（万元）			
所属法人机构信息	名称					
	住所					
	统一社会信用代码		法定代表人			
	企业类型		联系人			
	联系电话		传真			
主要机构设置及人员组成	机构名称					
	人数					
	人员总数		其中专业技术人员			
企业简介：						

表2　产品基本情况

生产线序号	生产线一	生产线二	生产线三	生产线四
生产线名称				
生产能力（吨/小时）（支/小时）（升）				
产品品种	产品系列			

表3　生产设备明细表

生产线名称及序号						
序号	设备名称	型号规格	材质	生产厂家	出厂日期（年月）	技术性能指标

表4　检验仪器明细表

序号	仪器名称	型号规格	生产厂家	出厂日期（年月）	出厂编号	技术性能指标

表5　主要管理技术人员登记表

序号	姓名	职务	职称	学历	所学专业	获证书时间、种类及编号	发证机关

注："证书"指与企业签订了全日制用工劳动合同并缴纳了养老、医疗等保险的管理人员、技术人员的职称证书、最高学历证书。

第六节

新饲料添加剂申报要求

01 新饲料添加剂申报要求

中华人民共和国农业农村部公告

第 226 号

为进一步规范新饲料添加剂审定工作，根据《饲料和饲料添加剂管理条例》及其配套规章规定，我部修订了《新饲料添加剂申报材料要求》《新饲料添加剂申报材料格式》《新饲料添加剂申请表》，现予公布，自 2019 年 12 月 4 日起施行。原农业部 2014 年 6 月 5 日发布的第 2109 号公告中有关《新饲料添加剂申报材料要求》的内容同时废止。

附件：1. 新饲料添加剂申报材料要求

2. 新饲料添加剂申报材料格式

3. 新饲料添加剂申请表

农业农村部

2019 年 11 月 4 日

附件 1

新饲料添加剂申报材料要求

申请新饲料添加剂证书、申请扩大饲料添加剂适用范围、申请生产含量规格低于《饲料添加剂安全使用规范》等规范性文件要求的饲料添加剂品种（由饲料添加剂与载体或者稀释剂按照一定比例配制的产品除外）、申请生产工艺发生重大变化的饲料添加剂、申请进口含有我国尚未批准使用的饲料添加剂的产品，应当按照本要求规定准备相关材料。

一、申报材料摘要

围绕安全性、有效性、质量可控性以及对环境的影响等方面对申报品种进行简要概述。摘要内容应可公开。

二、产品名称及命名依据、类别

（一）产品通用名称及命名依据

通用名称应反映饲料添加剂产品真实属性，并在申报材料中统一使用该名称。

通用名称应符合国内相关标准（例如：药典、国家标准和行业标准）或国际组织（例如：国际纯粹化学和应用化学联合会（IU‑PAC））相关标准的命名原则。有美国化学文摘（CAS）登录号的应予提供。

微生物饲料添加剂（包括直接饲喂微生物、生产发酵饲料所使用的微生物），应提供包括微生物来源、种名（包括中文名、拉丁名、俗名或别名等）、菌株编号及其他必要信息。细菌和真菌的命名应分别符合原核生物国际命名法规和国际藻类、真菌和植物命名法规要求。

饲用酶制剂，应参照国际生物化学和分子生物学联合会（IUB‑MB）酶学委员会（EC）的命名原则命名，并用括号注明生产菌种名称及菌株编号。

其他采用发酵工艺生产的饲料添加剂，应用括号注明生产菌种名称及菌株编号。

饲料添加剂为提取物的，依据其来源（包括动、植物的中文名、拉丁名、俗名或别名、部位）命名，并注明主要成分；也可以依据提取物的主要成分命名，并注明来源。

（二）产品的商品名称

商品名称为产品在市场销售时拟采用的名称，没有的可不提供。

（三）产品类别

根据产品的功能，参照《饲料添加剂品种目录》设立的类别名称填写。超出目录现有类别范围的，根据产品实际功能提出分类建议。

三、产品研制目的

重点阐述产品研制背景、研究进展、研制目标、产品功能、国内外在饲料及相关行业批准使用情况、产品的先进性和应用前景等。

四、产品组分及其鉴定报告、理化性质及安全防护信息

（一）产品组分

提供产品全部或主要组成成分，包括有效组分及其他组分。

1. 有效组分及其含量

有效组分为化学上可定义的物质，应给出通用名称、化学名称、CAS 登录号、分子式、化学结构式和分子量；含量以％、g/kg、mg/kg、IU/g 等国际通用单位表示。

有效组分不能以单一化学式描述或组分不能被完全鉴定的混合物，应给出特征主成分或类组分，含量以％、g/kg、mg/kg、IU/g 等国际通用单位表示。

微生物饲料添加剂应以每克或每毫升产品中活菌数表示，即 CFU/g、CFU/mL。

饲用酶制剂应以每克或每毫升中的酶活力表示。

2. 其他组分及其含量

应说明除有效组分外的其他组分及其含量。添加载体的，应提供名称及其配方量。

提取物等其他组分不能以单一化学式描述或组分不能被完全鉴定的混合物，应说明除有效组分外的其他组分类别，可不提供具体组分含量。

（二）鉴定报告

化学上可定义物质：应准确鉴定申报产品的有效组分，并说明确认实验所用主要仪器和测试方法，例如，红外光谱、紫外光谱、质谱、核磁共振、化学官能团的特征反应等。

饲用酶制剂：应提供能够证明酶制剂的来源与结构的鉴定报告。

微生物饲料添加剂：应通过菌株的形态学、生理生化特性、分子生物学特性等方法，提供鉴定至少到种或亚种的报告。基因工程菌株需要提供农业转基因生物安全证书。生产饲料添加剂所用微生物菌种也应提供上述报告。

植物提取物：应提供包含前述有效组分和其他组分的特征图谱。

（三）外观与物理性状

固体产品应提供颜色、气味、粒径分布、密度或容重等数据；液体产品应提供颜色、气味、黏度、密度、表面张力等数据。

（四）有效组分理化性质

根据产品的性质，提供有效组分的沸点、熔点、密度、蒸汽压、折光率、比旋光度、常见溶媒中的溶解性、对光或热的稳定性、电离常数、电解性能、pKa 等数据。相关信息可来自国际机构（如 CAS、IUPAC 等）公开发布的数据或由申请人实测数据。

（五）产品安全防护信息

根据产品的性质，提供危害描述、泄露应急处理、操作处置与储存、接触控制与个体防护、急救措施、废弃处置等信息。

五、产品功能、适用范围和使用方法

产品功能应说明其作用，阐述作用机制，并以试验数据或公开发表的文献资料作为支撑。

适用范围和使用方法应说明产品适用的动物种类、生产阶段、推荐用量及注意事项，必要时应提供产品在配合饲料或全混合日粮中添加的最高限量建议值，相关内容应有安全性和有效性评价试验数据的支撑。

六、生产工艺、制造方法及产品稳定性试验报告

（一）生产工艺和制造方法

提供产品生产工艺流程图和工艺描述。流程图应以设备简图的方式表示，详细体现产品生产全过程；工艺描述应与流程图一一对应，重点描述原料、设备、生产过程各步骤所使用的方法和技术参数（化学合成应有温度、压力、反应时间、pH 等，提取物应有提取溶剂、提取时间、提取次数、分离材料或设备等），有中间产品控制指标的也应一并提供。

微生物及其发酵制品还应当提供生产用菌株的传代培养情况及遗传稳定性、培养基成分、保存和必要的复壮方法等材料。

对于采取诱变方式实施改良的菌株，应提供诱变条件和步骤。

（二）产品稳定性试验报告

稳定性试验包括影响因素试验、加速试验和长期稳定性试验。应提供按照农业农村部

相关技术指南开展的稳定性试验的报告。

七、产品质量标准草案、编制说明及检验报告

（一）产品质量标准草案：应按照《标准化工作导则第1部分：标准的结构和编写》（GB/T 1.1）和《标准编写规则第10部分：产品标准》（GB/T 20001.10）的要求进行编写。

（二）编制说明：应说明质量标准中的指标设置依据。指标的设置应符合相关法规标准要求，并与实际检测情况一致。对引用的国际标准应提供其原文和中文译文，国内其他行业标准提供原文。

（三）对新建检测方法，应提供至少三家具备检验资质的第三方机构出具的验证报告。

（四）检验报告：由申请人自行检测或委托具备检验资质的机构出具的三个批次产品检验报告。检测项目应与质量标准一致，并采用其规定的检测方法。

（五）有最高限量要求的产品，应根据其适用对象，提供有效组分在配合饲料、浓缩饲料、精料补充料或添加剂预混合饲料中的检测方法。

八、安全性评价材料要求

包括靶动物耐受性评价报告、毒理学安全评价报告、代谢和残留评价报告、菌株安全性评价报告。评价试验应按照农业农村部发布的技术指南或国家、行业标准进行。农业农村部暂未发布指南或暂无国家、行业标准的，可以参照世界卫生组织（WHO）、经济合作与发展组织（OECD）等国际组织发布的技术规范或指南进行。靶动物耐受性评价报告、毒理学安全评价报告、代谢和残留评价报告应由农业农村部指定的评价试验机构出具。评价报告出具单位不得是申报产品的研制单位、生产企业，或与研制单位、生产企业存在利害关系。

（一）靶动物耐受性评价报告。

（二）毒理学安全评价报告。包括急性毒性试验、遗传毒性试验（致突变试验）、28天经口毒性试验、亚慢性毒性试验、致畸试验、繁殖毒性试验、慢性毒性试验（包括致癌试验）等毒性评价。评价方法参照农业农村部技术指南或国家、行业标准的规定。

（三）代谢和残留评价报告。化合物应进行代谢和残留评价，但以下情形除外：

——在饲用物质中天然存在并具有较高含量；

——化合物或代谢残留物是动物体液或组织的正常成分；

——可被证明是原形排泄或不被吸收；

——是以体内化合物的生理模式和生理水平被吸收；

——农业农村部技术指南、国家或行业标准规定的数据外推情形。

（四）菌株安全性评价报告。对于饲用微生物添加剂和生产饲料添加剂所用微生物菌种，应进行菌株安全性评价。通过微生物表型试验、分子生物学试验和全基因组序列（WGS）分析，结合相关文献资料，对拟评价菌株的致病性、有毒代谢产物产生能力（用

微生物发酵生产的饲料添加剂应对终产品中由生产菌株产生的有毒代谢产物进行测定）及抗菌药物耐药性等进行综合评价。

（五）提供国内外权威机构就该产品的安全性评价报告，国内外权威刊物公开发布的就该产品安全性的文献资料，其他可证明该产品安全性的报告或文献资料。

九、有效性评价材料要求

（一）提供由农业农村部指定的有效性评价试验机构出具的试验报告；靶动物有效性试验应按照农业农村部发布的技术指南或国家、行业标准进行。农业农村部技术指南、国家或行业标准规定的可以进行数据外推的情形除外。

（二）根据产品用途，提供依据技术规范或公认的方法测定的特性效力的试验报告，如抗氧化剂效力和防霉剂效力测试等。试验应选取申报产品适用饲料类别中的代表性产品进行。试验报告应由省部级以上高等院校、科研单位或检测机构等出具。

（三）提供国内外权威机构就该产品靶动物有效性或特性效力的试验报告或评价报告，国内外权威刊物公开发布的就该产品靶动物有效性或特性效力的文献资料，其他可证明该产品靶动物有效性或特性效力试验的报告或文献资料。

评价报告的出具单位不得是申报产品的研制单位和发表文献的署名单位、生产企业，或与研制单位、生产企业存在利害关系。

十、对人体健康可能造成影响的分析报告

应根据安全性、有效性和代谢、残留等数据和文献资料以及相关产品信息，参照风险评估的方法就饲料添加剂对人体健康可能造成的影响进行评估分析，形成报告。

十一、标签式样、包装要求、贮存条件、保质期和注意事项

标签式样应符合《饲料和饲料添加剂管理条例》和《饲料标签》标准（GB 10648）的规定。

包装要求、贮存条件、保质期的确定应以稳定性试验的数据为依据。

十二、中试生产总结和"三废"处理报告

（一）中试生产总结

包括中试的时间和地点，生产产品的批数（至少连续 5 批）、批号、批量，每批中试产品的详细生产和检验报告，中试中发现的问题和处置措施等。

（二）"三废"处理报告

应说明生产过程中产生的"三废"及处理措施。

十三、联合申报协议书

由两个或两个以上单位联合申报的（申报单位应是共同参与产品研发的研制单位或生

产企业），应提供由所有联合申报单位共同签署的联合申报协议书，明确知识产权归属、申请人排序、责任划分等，并承诺不就同一产品进行重复申报。协议由各单位法定代表人签字并加盖单位公章。

十四、其他材料

其他应提供的证明性文件和必要材料。例如，需进一步证明申报产品安全性的试验报告。

十五、参考资料

提供产品研究、开发和生产中参考的主要参考文献，并在引用处进行标注，重要文献应附全文。注明参考材料中提到的有效组分与所申请的饲料添加剂品种是否一致，并说明相关信息的详细来源，如数据库、标准、研究报告、期刊和书籍等。

附件 2

新饲料添加剂申报材料格式

一、申报材料的格式

（一）申报材料包括《新饲料添加剂申请表》及《新饲料添加剂申报材料要求》中的相关内容。

（二）《新饲料添加剂申请表》应当从农业农村部网站下载，不得随意改变字体大小和表格结构。

（三）申报材料正文应当使用小四号宋体（英文和数字为 Times New Roman 字体），A4 规格纸张打印。除签名外，所有材料不得手写。

（四）检测、试验、鉴定报告应加盖报告出具单位公章，由负责人和检测试验人员签名，并提供原件。外文材料应同时提交中文翻译件。

（五）申报材料一式两份（原件一份，复印件一份，复印件采用双面复印）。材料按照预审意见规定的内容顺序编排目录，例如"1—1，1—2，…2—1…"，每章独立编排页码，按目录顺序活页装订，各章应用口取纸或其他明显标记予以划分。材料装订完成后，应在整本材料侧面加盖申报单位骑缝章。

（六）在提交书面申报材料的同时，还应提交内容与书面材料一致的 CD 光盘两份。每章节应制成独立的 PDF 格式文件，文档名称以章号和章标题命名。

二、相关表格填写

（一）通用名称：填写与正文内容一致的通用名称。

（二）产品类别：填写与正文内容一致的产品类别，若为"其他类型"，还应在后附横线上予以说明。

（三）申请类型：将相应类型的方框涂黑（■）。

（四）申请人名称：填写具有法人地位的单位名称，可以是研制者或者生产企业，并加盖公章。由多个申请人联合申报的，填写第一申请人相关信息。

（五）法定代表人：填写申请人的法定代表人姓名。由多个申请人联合申报的，填写第一申请人相关信息。

（六）申请人注册地址及邮政编码：填写法人注册地址及邮政编码。由多个申请人联合申报的，填写第一申请人相关信息。

（七）申请人通讯地址及邮政编码：填写申请人的通讯地址及邮政编码。由多个申请人联合申报的，填写第一申请人相关信息。

（八）联系人、传真、固定电话、手机、电子邮箱：填写申请单位负责办理审定申请的人员姓名及相应联系方式。联合申报的，由申请人确定一名联系人及其联系方式。

（九）申报日期：填写申请人报出材料的时间。

（十）通用名称：填写与正文一致的通用名称。

（十一）外观与物理性状：说明产品的颜色、气味、性状（粉末、颗粒、结晶、块状、半固态、液态等）。

（十二）商品名称：填写与正文一致的商品名称，没有的应填写"无"。

（十三）产品类别：填写与正文一致的产品类别。

（十四）是否转基因产品：将相应的方框涂黑（■）。

（十五）保质期：填写与正文一致的保质期。

（十六）成分、化学式或描述、含量、检测方法："成分"栏，逐一填写各有效组分及其他组分的名称；"化学式或描述"栏，化学上可定义物质应填写化学式，其他应填写描述；"含量"栏，有效组分填写典型分析值；其他组分应填写除有效组分外的其他组分含量；添加载体的，应提供载体名称及其配方量；对于提取物等其他组分不能以单一化学式描述或不能被完全鉴定的混合物，应填写有效组分外的组分类别，可不提供具体组分含量；"检测方法"栏，采用现行国家标准或行业标准进行检测的，可填写标准名称和编号，否则应填写检测方法简称（如"高效液相色谱法"），在配合饲料或全混合日粮中有最高限量要求的，还应提供在饲料产品中相应成分的检测方法。

（十七）适用范围、在配合饲料或全混合日粮中的推荐添加量和最高限量、使用注意事项：填写产品适用的动物种类、生产阶段及其在配合饲料或全混合日粮中的推荐添加量；有最高限量要求的，应填写在配合饲料或全混合日粮中的最高限量；使用过程中有特殊要求的，应填写使用注意事项。

（十八）生产工艺简述：填写主要生产工艺，不超过 150 个字。

（十九）申请人名称及地址：按申请人排序逐一填写单位名称、通信地址和邮编，在性质栏内将相应的方框涂黑（■），并由各单位法定代表人签字并加盖公章。

附件 3

新饲料添加剂申请表

通用名称：_____

产品类别：_____

申请类型：□申请新饲料添加剂证书　　　　　□申请扩大饲料添加剂适用范围

□申请生产含量规格低于《饲料添加剂安全使用规范》等规范性文件要求的饲料添加

剂品种

□申请生产工艺发生重大变化的饲料添加剂

□申请进口含有我国尚未批准使用的饲料添加剂的产品

□农业农村部规定的其他情形_____

申请人名称：_____（公章）

法定代表人：_____

申请人注册地址：_____

邮政编码：_____

申请人通讯地址：_____

邮政编码：_____

联系人：_____　　传真：_____

固定电话：_____　　手机：_____

电子邮件：_____

申报日期：_____年_____月_____日

中华人民共和国农业农村部制

二〇_____年

通用名称		外观与物理性状			商品名称	
产品类别		是否转基因产品		□是 □否	保质期	
成分		化学式或描述	含量	检测方法	在配合饲料中的 检测方法（适用时）	
有效组分	1					
	...					
其他组分	1					
	...					
适用范围		在配合饲料或全混合 日粮中的推荐添加量		在配合饲料或全混合 日粮中的最高限量		使用注意事项
适用范围 1						
适用范围 2						
......						
生产工艺简述（150 字以内）						
申请人信息		（第一申请人）		（第二申请人）		
单位名称						
地 址						
性 质		□研制者 □生产企业		□研制者 □生产企业		
法定代表人 签字及盖章						

02 饲料原料和饲料添加剂审批咨询服务工作机制

中华人民共和国农业农村部公告

第 227 号

为深入贯彻行政审批制度改革精神，进一步落实"放管服"要求，鼓励饲料、饲料添加剂新品种开发和研制，帮助饲料企业和有关技术机构（以下简称申请人）提高研发能力，根据各方面的建议，我部建立饲料原料和饲料添加剂审批咨询服务工作机制。现就有关事项公告如下。

一、咨询服务范围

申请人拟申请新饲料和新饲料添加剂证书，拟申请扩大饲料添加剂适用范围，拟申请生产含量规格低于《饲料添加剂安全使用规范》等规范性文件要求的饲料添加剂品种（由饲料添加剂与载体或者稀释剂按照一定比例配制的产品除外），拟申请生产工艺发生重大变化的饲料添加剂，拟申请进口含有我国尚未批准使用的饲料原料和饲料添加剂的产品，以及拟申请将原料或者添加剂品种纳入《饲料原料目录》或者《饲料添加剂品种目录》，可以按照本公告规定申请咨询服务。

二、咨询材料要求

申请人应当向农业农村部畜牧兽医局提出书面申请并提交以下材料：产品通用名称、产品类别、产品研制目的、产品组分、外观与物理性状、产品功能、适用范围、使用方法、生产工艺和制造方法，产品在国内外相关行业应用的基本情况，以及已收集到的能够证明其安全性、有效性的相关科学文献、报告或者试验结果等资料。申请人可参考《新饲料添加剂申报材料要求》（农业农村部公告第 226 号）准备相关材料。

三、咨询服务程序

农业农村部畜牧兽医局收到书面申请和相关材料后，在 5 个工作日内对咨询材料进行核对，不需要补充材料的，组织全国饲料评审委员会召开咨询会，由咨询会专家对申请事项进行专家评议并提出咨询意见和建议。农业农村部畜牧兽医局在收到咨询意见和建议后，5 个工作日内书面告知申请人。

咨询服务由申请人自愿提出，不收取任何费用。咨询服务不作为行政审批的前置程序，咨询意见不作为做出行政审批决定的依据。申请过程中如有问题，请联系农业农村部畜牧兽医局（电话 010—59192853）或全国畜牧总站（电话 010—59194438）。

农业农村部

2019 年 11 月 4 日

02

第二章

**国外宠物食品
法律法规**

第一节
美国宠物食品法规要求

美国对宠物食品的安全性实施严格监管，宠物食品的所有成分均需通过美国食品药品管理局（FDA）、美国农业部（USDA）及美国饲料管理协会（AAFCO）等组织的严格认证。

FDA 负责管理宠物食品生产，并监管食品包装的一般标签要求，其核心职责是保障动物饲料、饲料添加剂、药品（人用和兽用）等产品的安全性和有效性，维护公共卫生安全。该机构负责除肉、蛋外的国产和进口食品（含动物饲料）的检验监管工作，同时根据公认安全标准（GRAS）审批原料。需注意的是，FDA 不直接核查数据，但参与者必须使用公开有效的信息评估和确定产品安全性；联邦和州监管机构有权要求 GRAS 参与者（自行提交总结报告）公开其安全性认定信息。

USDA 是美国饲料工业监管的行政主体之一，主要负责管理宠物食品的标签和广告，参与制定与宠物食品相关的农业政策和法规，从宏观层面引导宠物食品行业发展，推动产业规范化和可持续发展。具体而言，在农产品种植、畜牧养殖等方面，USDA 为宠物食品原料供应提供政策支持和指导；在进口监管方面，其下属的动植物卫生检验局（APHIS）负责非供人类食用动物食品的审批和安全监督管理，确保进口宠物食品符合相关安全标准，防止外来动物疫病传入，保障美国农业及自然资源安全。此外，USDA 还承担有机食品的认证工作，对于标注为有机宠物食品的产品，需确保其原料和生产过程符合有机标准，如有机宠物食品中的动物源性成分应来自符合有机养殖标准的动物，饲料原料也需满足有机要求。

与宠物食品相关的法律法规主要有《联邦食品、药品及化妆品法》（FFDCA）、《食品安全现代化法案》（FSMA）、《联邦法规》《宠物食品统一监管改革法案》和 A1976 号法案等，具体内容如下：

一、《联邦食品、药品及化妆品法》

FFDCA 是管理宠物食品的主要联邦法律，自 1938 年颁布实施后经多次修订，目前对宠物食品的监管覆盖生产、成分安全、标签标识、设施管理等多个环节，核心条款如下：

1. 第 402 节（21 U. S. C. 342）：禁止掺杂食品

规定任何食品（包括宠物食品）若含有可能危害健康的物质（如农药残留、污染物、未经批准的添加剂等），或在不卫生条件下生产导致污染，则被视为"掺杂食品"。例如：

• 禁止含有 FFDCA 未批准的兽药或农药残留（如磺胺类药物、氯霉素等）；

- 罐装宠物食品需符合低酸性罐装食品法规（21 CFR 113），确保无微生物污染。

2. 第 403 节（21 U.S.C.343）：禁止错误标识

宠物食品标签需真实、准确，不得误导消费者。具体要求包括：

- 标明品牌名、产品名、净含量、成分列表（按重量降序排列）、营养声明、饲喂指南、制造商信息等；
- 禁止未经 FDA 批准的"药物声明"（如治疗疾病的功能性描述），否则产品可能被视为未经批准的药物。

3. 第 408 节（21 U.S.C.346a）：农药残留限量管理

规定食品（含宠物食品）中农药残留需符合美国环保署（EPA）设定的最大残留限量（MRL）要求。若未设定 MRL 或残留超标，则视为违法。例如，进口宠物食品需满足美国农药残留标准，否则可能被扣留或销毁。

4. 第 409 节（21 U.S.C.348）：食品添加剂的审批

宠物食品中添加的成分应为"公认安全物质"（GRAS）或通过 FDA 审批的食品添加剂。若添加未经批准的成分（如某些膳食补充剂），可能被认定为掺假或非法药物。

5. 第 512 节（21 U.S.C.360b）：新动物药物的监管

任何声称具有治疗、预防或改善疾病功能的成分（如硫酸软骨素用于关节炎）需作为"新动物药物"申请 FDA 批准。未经批准的药物声明会导致产品被认定为掺假或非法。

6. 第 415 节（21 U.S.C.350d）：设施登记与食品安全计划

宠物食品生产、加工、包装或储存设施需向 FDA 登记，并实施危害分析和风险预防控制措施（HARPC）。具体要求包括：

- 制定书面食品安全计划，涵盖危害分析、预防控制、监测程序等；
- 符合现行良好生产规范（cGMP），如卫生条件、设备清洁、仓储规范等。

7. 第 701 节（21 U.S.C.371）：法规制定与执行授权

授权 FDA 制定具体法规以执行 FFDCA，如《食品安全现代化法案》要求加强预防性控制措施和进口食品监管，以及低酸性罐装食品法规（21 CFR 113）的制定。

8. 第 418 节（21 U.S.C.350g）：危害分析与预防控制

作为 FSMA 的核心条款，要求宠物食品企业进行危害分析并实施预防控制措施，确保生产过程中识别和降低化学、生物、物理污染风险。

二、《食品安全现代化法案》

美国于 2011 年 1 月 4 日颁布实施《食品安全现代化法案》。该法案要求美国食品药品管理局和宠物食品制造商采取有效措施预防食源性疾病，其对宠物食品的监管要求主要集中在预防性控制、进口商责任、卫生运输及设施合规性等方面，核心内容如下：

1. 第 102 节：食品工厂的登记注册

- 定期注册更新：宠物食品生产企业需每两年（偶数年 10 月 1 日至 12 月 31 日）向美国食品药品管理局更新注册信息，未及时更新，可能导致产品在入境口岸被扣留。

- 变更通知：若企业所有权或关键信息变更，需在 60 d 内提交更新信息或重新注册。

2. 第 103 节：危害分析与风险预防

宠物食品生产企业需识别生产流程中的潜在生物、化学和物理危害（如病原体、过敏原、异物等），并制定预防控制措施。例如：

·流程控制：控制饲料储存的温度和湿度以防止霉菌生长，或确保成分混合均匀避免营养失衡。

·卫生控制：定期清洁设备、消毒存储容器，以防止交叉污染。

·供应链控制：对原材料进行污染物检测（如霉菌毒素、重金属），并审核供应商资质。

3. 第 111 节：食品的卫生运输

·运输车辆和设备需清洁，避免交叉污染；需监控温度（如生鲜宠物食品的冷链运输），并提供运输记录的书面证明。

·运输商需制定书面卫生程序，并确保员工接受相关培训。

4. 第 301 节：国外供应商的审核方案、第 302 节：自愿合格进口商方案

·进口商责任：进口商需对供应商进行危害评估，验证其是否符合美国食品安全标准，验证方式包括现场审核、抽样检测等。

·记录保存：进口商需保留验证过程的记录，证明其采取了合理措施确保食品安全。

该法案对宠物食品产生了积极影响：一是将安全生产管理重点从事后反应转移到事前预防；二是赋予美国食品药品管理局检查与生产相关的一切设施，并监督企业遵守FSMA 的权力；三是要求所有进口到美国的食品产品安全性符合美国食品安全标准。随后配套发布的《现行良好生产规范》明确规定，所有美国宠物食品生产商应对其可能面临的安全风险（无论是自然发生还是人为造成的风险）进行全面评估，并制定有效降低风险的预防措施。

三、《联邦法规》

美国联邦法规由各行政部门（类似我国各个部委）提出，并经国会批准，其中第 21 章主题为"食品与药品"，由多个监管机构共同管理，涵盖食品、药品、医疗器械、生物制品、化妆品及管制物质等领域的法规要求。涉及宠物食品的内容如下：

1. 第 1 部分：实施细则（进出口食品、食品企业注册），对宠物食品标识、包装物、添加剂、生产用水、一般卫生要求等作出规定。

2. 第 2 部分：行政裁决及决定。

3. 第 70～82 部分：规范食品、药品和化妆品中色素的使用与认证。

4. 第 110 部分：食品良好生产规范（GMP），规定食品生产、包装和储存的卫生与质量控制要求，包括厂房设施、设备清洁、害虫控制等。

5. 第 113 部分：关于用密闭容器包装的热加工低酸性食品的要求。

6. 第 114 部分：酸化食品要求。

7. 第 120 部分：危害分析与关键控制点（HACCP），针对食品安全的预防性控制体系。

8. 第 500.35 部分：动物饲料污染沙门氏菌的处理要求。

9. 第 500.50 部分：关于丙二醇用于猫食品中的规定。

10. 第 501 部分：动物食品标签。

11. 第 502 部分：非标宠物食品的一般命名。

12. 第 573 部分：适用于动物饲料和饮用水的食品添加剂。

13. 第 589 部分：禁止在动物食品或饲料中使用的物质。

四、《宠物食品统一监管改革法案》

2024 年 2 月 15 日，美国众议院引入《宠物食品统一监管改革法案》（PURR Act），旨在实现宠物食品现代化和简化监管。该法案授予美国食品药品管理局对犬和猫食品及零食的标签和成分审查过程的统一监管权限，取消州级监管权限，因为目前适用于成分和标签批准的州级监管法规条款已过时且各州之间不一致。

五、A1976 号法案

2025 年 1 月 14 日，美国纽约州引入 A1976 号法案，旨在规范宠物产品中的有毒化学品。纽约州计划为宠物产品制定化学品披露计划，最终实现有毒化学品禁用。该法案包含以下重要条款：

1. 定义"宠物产品"：主要为宠物设计、制造或销售的产品，如宠物窝垫、汽车座椅、个人护理产品、玩具以及设计或意图被宠物啃咬的产品和宠物服装，不包括由美国食品药品管理局监管的食品、饮料或其添加剂。

2. 列出 83 种高关注化学品（CHC）和 9 种优先化学品（PC）。

3. 授权主管部门在法案生效后的 180 d 内，在其网站上发布 PC 和 CHC 清单。

4. 要求主管部门定期审查和修订 PC 和 CHC 清单。

5. 如果某种化学品符合规定的毒理学特性标准，则要求主管部门将其识别为 CHC。

6. 要求制造商（包括进口商和国内首次分销商）披露宠物产品中优先化学物质的信息（表1）。

表 1　化学品披露计划

物质	范围*	要求	拟定的生效日期
优先化学品（PC）	宠物产品	如果有意添加，则需要支付一定费用向主管机构报告	化学品列入清单后的 12 个月内
		如果 PC 已列入清单至少一年，则禁止使用	2028 年 1 月 1 日

注：* 仅适用于新的宠物产品。

7. 要求宠物产品制造商在产品中含有 PC 时通知零售商和销售商。

8. 要求主管部门制定规则和法规以实施该法案。

第二节

欧盟宠物食品法规要求

欧盟地区的法规非常完善，对宠物食品、特定用途的补充剂及药品都有详细的规定，各成员国执行得比较严格。欧盟宠物食品的主要监管机构有欧洲委员会直属的健康与消费者保护总局（DG SANCO）、欧洲食品安全局（EFSA）、食品链和动物健康常务委员会（SCFCAH）。

健康与消费者保护总局是直接负责管理和执行欧盟食品安全法规和政策的机构，其主要职责包括："从农场到餐桌"食品链全过程的管理；生物和化学风险的管理；残留、食品饲料添加剂、接触材料；植物健康和植物保护产品；动物健康和福利、动物饲料安全；食品标签；成员国和第三国食品法规的检查和监控；快速预警系统和风险管理，以及代表欧盟履行国际卫生和食品安全事务等。

健康与消费者保护总局下属的食品兽医办公室（FVO）是食品饲料安全管理的直接执行机构。FVO负责监督欧盟成员国对欧盟兽医、植物检疫及食品卫生相关法规的执行情况，从而增强欧盟消费者对食品安全的信任。FVO还负责审核、控制和监管整个食品链对食品安全和食品卫生相关法律法规的遵守情况，并且将结果向大众进行公布。FVO按照独立透明的原则执行其监督职责，具体的监管内容有：监管成员国对动物源性食品的监测体系，监管在食品中使用的化学品，监管进口食品；对蔬菜及其制品的监管，尤其是对常规水果和蔬菜、有机水果和蔬菜，包括进口水果和蔬菜中农药残留的监管；对动物健康的监管；对植物卫生的监管，包括植物中有害组织、转基因组织、农药及有机农业的监管。

欧洲食品安全局是依据EC/178/2002于2002年初建立的，是提供风险评估的科学性机构，独立于欧盟委员会、欧洲议会和欧盟各成员国，其工作原则是科学、独立、公开，为欧盟委员会、欧洲议会和欧盟各成员国的决策提供科学建议和技术依据。主要职责包括：按照欧盟委员会、欧洲议会和欧盟各成员国的要求，对食品安全和相关议题提供独立的科学建议，并将此建议作为风险管理决策的基础；对食品问题提出技术建议，以促进与食品链相关的政策和法规的制定；为监测欧盟整个食品链的安全性，对有关食品的数据及其与任何潜在危害相关的必要信息进行收集和分析；对紧急危害进行识别和早期报警；在关键时刻支持欧洲委员会的工作；对其权限内的所有事宜向公众征求意见。

食品链和动物健康常务委员会根据法规EC/178/2002成立，取代了食品常务委员会、动物营养常务委员会、兽医常务委员会和植物卫生常设委员会的部分职能，以便能对从"农场到餐桌"的全食品链采取高效、综合的处理方法。它由各成员国代表组成，主席由欧盟委员会代表担任，负责为欧盟委员会制定食品链各个阶段的食品安全措施。欧盟委员会在进行食品安全相关立法时会向该委员会咨询，欧盟委员会只有在绝大部分成员国都同意时才能采取相应措施。其工作内容主要涉及8个方面：欧盟通用食品法、食品链生物安全、食品链毒理安全、食品进口要求和控制、动物营养、转基因食品/饲料和环境风险、动物健康和动物福利、植物卫生。

欧盟将宠物食品分为三类，实施差异化监管：①动物原料性宠物食品：如肉类、内脏、骨粉等，需重点管控病原体及有害残留物。②非动物原料性宠物食品：如植物蛋白、谷物、果蔬等，需关注农药残留、重金属及转基因成分。③添加剂：包括营养强化剂、防腐剂、调味剂等，需符合许可清单及限量标准要求。

一、EC/178/2002（2009 年修订）

该条例是食品法规的一般原则和要求，对饲料法规、饲料进出口、饲料安全、饲料标签、溯源及饲料生产经营者的责任等方面作出了原则性规定。该条例适用于食品和饲料生产、加工和销售的所有阶段，适用于食用动物的饲料，而不是直接适用于宠物食品。宠物食品生产商应遵守该条例中关于安全、可追溯性、自我责任和定义的规范，宠物食品行业应遵守该法规的基本原则。例如：a. 饲料安全要求：饲料应安全。b. 可追溯原则（饲料原料和成品的全程可追溯）。

二、EC/183/2005

该条例是关于饲料卫生的要求，规定了饲料企业及经营者在确保饲料卫生方面的责任和相应措施要求，规定了饲料企业及经营者对饲料安全负有主要责任。该条例要求对所有生产宠物食品的企业进行登记，宠物食品生产商应满足设施和设备、人员、生产、质量控制、储存和登记方面的最低生产条件要求，确保饲料原料和配合饲料完全可追溯的所需条件及安排的要求。

三、EC/767/2009

该条例规定了饲料投放市场的要求和使用要求。规定一般饲料及饲料添加剂、特定营养物的饲料等投放市场的基本安全要求、饲料投放市场的标签包装要求及良好饲料标签操作规范等。

四、EC/882/2004（2009 年修订）

该条例提供了对食品法、饲料法及动物卫生和福利要求进行符合性验证的官方控制措施。规定成员国对来自欧盟内部及第三国的饲料实施官方监控的要求、官方参考实验室的要求、各成员在官方监控中的合作、监控计划的制定和执行等方面。

五、专项法规

·饲料添加剂：

《EC/1831/2003 条例》（2009 年修订）：明确添加剂许可清单、使用剂量及安全评估流程；

《EC/429/2008 条例》：细化添加剂在宠物食品中的应用规范。

· 安全风险控制：

《999/2001 条例》：禁止使用激素、未批准抗生素等违禁物质；

《396/2005 条例》：设定农药残留、重金属等化学污染物的最高限量。

· 对化学性污染物控制做规定：

96/23 指令、2002/32 指令、396/2005 条例、2006/576 建议等。

· 包装与标签：

《76/211 条例》：规范预包装产品的重量／容量标识；

《94/62 指令》：规定包装材料的环保要求。

· 转基因与食品安全：

《1829/2003 条例》：要求转基因宠物食品通过安全评估并强制加标识；

《2002/72 指令》：规范与食品接触的塑料材料的安全标准。

第三节

日本宠物食品法规要求

继美国和欧盟之后，日本是世界上第三个对宠物食品安全进行立法的国家（地区）。在日本的宠物食品监管体系中，日本农林水产省（MAFF）处于主导地位，其下设的食品及农业物料检验中心（FAMIC）负责对宠物食品开展抽查和检测工作。

日本涉及宠物食品的法律法规覆盖生产、进口、标签、安全标准等多个方面，主要包括《饲料安全法》《宠物食品安全法》《食品卫生法》。具体内容如下：

一、《饲料安全法》

《饲料安全法》对动物饲料（包含宠物食品）的安全性管理作出了明确规定，其核心条款如下：

生产企业必须建立基于 HACCP（危害分析与关键控制点）的质量控制体系，以此保障生产过程中的卫生与安全标准。

禽源性宠物食品需经过温度≥70 ℃且持续 1 min，或同等杀菌效果的处理，确保充分杀灭有害微生物。

严禁使用来自禽流感、疯牛病疫区的动物源性原料；每一批次的进口产品，均需附带官方兽医出具的卫生证书。

二、《宠物食品安全法》

《宠物食品安全法》于 2008 年颁布，2022 年修订，旨在规范宠物食品的生产、进口和销售环节，切实保障宠物健康。该法及其实施条例的详细内容将在本章后续部分完整列出。

三、《食品卫生法》

《食品卫生法》中涉及宠物食品的核心条款主要有两项：其一，若宠物食品使用人类可食用原料（如鱼干、肉类等），必须符合同等卫生标准，如罐头类产品需达到商业无菌要求；其二，食品标签需明确标注保管方法、保质期（精确到具体日期）、原产国（字体高度不得低于 1.5 mm）等信息。

附

01　宠物食品安全法[*]

《宠物食品安全法》（2008 年）

公布日期：2008 年 6 月 18 日

目　　录

第一章　总　　则

（目的）

第一条

该法旨在通过规范宠物食品的生产等来确保宠物食品的安全，从而保护宠物的健康，促进动物福利。

（定义）

第二条

本法案中的宠物是指内阁令规定的以宠物为目的的动物。

本法所称宠物食品，是指为宠物提供营养的食品。

本法中的"制造商"是指从事宠物食品生产业务（包括配制和加工，下同）的企业，"进口商"是指从事进口宠物食品业务的企业，而"销售商"是指不属于制造商或进口商的从事销售宠物食品业务的企业。

第三条

在开展经营活动时，制造商、进口商和销售商应意识到他们对宠物食品的安全负有主要责任，应努力获得与宠物食品安全相关的专业知识和技术，确保宠物食品原料的安全；发现有问题的商品，及时召回宠物食品，以防止损害宠物健康，并采取其他必要措施。

---

* 这是非官方翻译。只有日本原文具有法律效力，翻译仅用作参考材料，以帮助理解本法。

（国家有关部门的责任）

第四条

国家有关部门应努力收集、组织、分析和提供有关宠物食品安全的信息。

第二章　宠物食品生产等监管

（标准和规范）

第五条

1. 从防止使用宠物食品对宠物健康造成损害的角度来看，农业、林业和渔业部部长及环境部部长可以根据农业、林业和渔业部及环境部的条例，为宠物食品的制造方法、标签和宠物食品成分的规格制定标准。

2. 农业、林业和渔业部部长及环境部部长在考虑根据前款规定制定、修订或废除标准和规范时，应听取农业物料委员会和中央环境委员会的意见。

（禁止制造等）

第六条

根据前条第 1 款规定制定标准和规范后，任何人不得从事下列行为。

ⅰ. 通过不符合相关标准的方法制造宠物食品以供销售（包括向未指定或一定数量的人销售以外的供应，以及与农业、林业和渔业部条例及环境部条例规定的供应相当的供应，下同）。

ⅱ. 以不符合相关标准的方法生产的宠物食品的销售或进口销售。

ⅲ. 销售不符合相关标准的无标签宠物食品。

ⅳ. 销售、制造或进口不符合相关标准的宠物食品。

（禁止生产含有有害物质等的宠物食品）

第七条

1. 当农业、林业和渔业部部长及环境部部长认为有必要防止宠物的健康因使用以下列出的宠物食品而受到损害时，他们应听取农业物料委员会和中央环境委员会的意见，并可禁止制造商、进口商或销售商制造、进口或销售相关宠物食品。

ⅰ. 含有或疑似含有有害物质的宠物食品。

ⅱ. 宠物食品被污染或疑似被致病微生物污染。

2. 当农业、林业和渔业部部长及环境部部长根据前款规定作出禁令时，应在官方公报上公布。

（销毁令等）

第八条

当制造商、进口商或销售商已经销售或正在储存以下列出的宠物食品以供销售时，以及当农业、林业和渔业部部长及环境部部长认为特别有必要防止宠物的健康因使用相关宠物食品而受损时，他们可以在确保宠物健康的必要范围内，命令相关制造商、进口商和销售商销毁或召回相关宠物食品并采取其他必要措施。

ⅰ．第六条第 2 至 4 项规定的宠物食品。

ⅱ．本法中的"制造商"是指从事宠物食品生产业务（包括配制和加工，下同）的企业，"进口商"是指从事进口宠物食品业务的企业，而"销售商"是指不属于制造商或进口商的从事销售宠物食品（包括前条第 1 款规定禁止的宠物食品）业务的企业。

（制造商通知等）

第九条

1. 根据第五条第 1 款的规定，已制定本企业标准和规范的宠物食品制造商或进口商（不包括农业、林业和渔业部及环境部条例规定的人员）应按照农业、林业、渔业部和环境部条例的规定，在开始经营之前将以下事项通知农业、林业及渔业部部长和环境部部长。

ⅰ．名称和地址（公司名称、代表姓名和主要营业办事处地址）。

ⅱ．为制造商生产相关宠物食品的营业场所的名称和地址。

ⅲ．销售和储存相关宠物食品的营业场所地址。

ⅳ．农林水产省和环境部条例规定的其他事项。

2. 因根据第五条第 1 款的规定制定新的标准和规范而成为前款规定的制造商或进口商的企业，必须按照农业、林业和渔业部及环境部条例的规定，在标准和规范制定之日起三十（30）天内，将前款各项所列事项通知农业、林业和渔业部部长及环境部部长。

3. 根据前两款规定发出通知（以下第 4 款和第 5 款中的"经营者通知"）的经营者，必须按照农业、林业和渔业部及环境部的条例的规定，在通知事项发生变化后三十（30）天内通知农业、林业和渔业部部长及环境部部长。当业务终止时，同样适用。

4. 当发出通知的经营者转让根据第 1 款或第 2 款规定发出的通知所涉及的所有业务时，或者当发生同经营者相关的继承、合并或分拆（仅限于通知有关全部业务的继承）事项时，接收全部业务转让的人、继任者（当有两个或两个以上的继任者，并且一致同意选择一个继任者时，这个被选出来的人是继任者）、合并后的存续公司、合并后成立的公司或因分拆而继承全部业务的公司，应继承发出通知的经营者的职位。

5. 根据前款规定发出通知的继任经营者，必须按照农业、林业和渔业部及环境部条例的规定，在继承之日起三十（30）天内通知农业、林业和渔业部部长及环境部部长，并附上证明这一事实的文件。

（簿记）

第十条

1. 根据第五条第 1 款的规定制定了标准和规范的宠物食品制造商或进口商应保留账簿，并按照农业、林业和渔业部及环境部条例的规定，在制造或进口相关宠物食品时记录农业、林业和渔业部及环境部条例规定的名称、数量和其他事项，并保留账簿。

2. 根据第五条第 1 款的规定制定了标准和规范的宠物食品制造商、进口商或销售商必须保留账簿，并按照农业、林业和渔业部及环境部条例的规定，在将相关宠物食品转让给制造商、进口商或销售商时，按照农业、林业和渔业部及环境部条例中规定的转让和其他事项进行记录，并保留账簿。

第三章 其他规定

（报告汇编）

第十一条

1. 农业、林业和渔业部部长或环境部部长可在执行本法所需的范围内，要求制造商、进口商或销售商以及宠物食品货运和仓库运营商提供有关运营的必要报告。

2. 下列各项目所涉及部门的部长在单独行使前款规定的权力后，应及时将结果通知各相关项目所涉及部门的部长。

ⅰ. 农业、林业和渔业部部长、环境部部长（注：当农业、林业和渔业部部长独立收集报告时，他或她应将结果告知环境部部长）。

ⅱ. 环境部部长及农业、林业和渔业部部长（注：当环境部部长独立收集报告时，他或她应将结果告知农业、林业和渔业部部长。）

（现场检查等）

第十二条

1. 农业、林业和渔业部部长或环境部部长可在执行本法所需的范围内，让其官员进入制造商、进口商或销售商以及宠物食品货运和仓库运营商的营业场所、仓库、海船、车辆和其他与宠物食品制造、进口、零售、运输或储存业务有关的地点，检查宠物食品、原材料或与业务有关的账簿和文件以及其他物品，询问有关各方，或在检查所需范围内扣押宠物食品和原材料。尽管如此，当宠物食品和原材料被扣押时，应根据市场价格支付赔偿金。

2. 根据前述条款规定进行现场检查、询问或扣押（"现场检查等"）的官员必须携带表明其身份的文件，并将这些文件出示给有关各方。

3. 第 1 款规定的现场检查等权力不得解释为批准刑事调查。

4. 仅根据第 1 款规定行使权力后，以下各项目所涉及部门的部长，应立即将结果通知各相关项目所涉及部门的部长。

ⅰ. 农业、林业和渔业部部长及环境部部长。

ⅱ. 环境部部长及农业、林业和渔业部部长。

5. 当农业、林业和渔业部部长或环境部部长根据第 1 款的规定扣押宠物食品或原材料时，应公布相关宠物食品或原材料的检查结果摘要。

（食品及农业物料检验中心现场检查等）

第十三条

1. 在前条第 1 款的情况下，如果认为有必要，农业、林业和渔业部部长可以让食品及农业物料检验中心官员进入制造商、进口商或销售商以及宠物食品货运和仓库运营商的营业场所、仓库、海船、车辆和其他与宠物食品制造、进口、零售、运输或储存业务有关的地点，检查宠物食品、原材料或有关业务的账簿和文件以及其他物品，询问有关各方，或在检查所需的范围内扣押宠物食品和原材料。尽管如此，当宠物食品和原材料被扣押时，应按照市场价格进行赔偿。

2. 农业、林业和渔业部部长根据前款规定让 FAMIC 官员进行现场检查等时，应向 FAMIC 官员发出现场检查等指示，说明日期、地点和其他必要事项。

3. 当 FAMIC 官员根据第 1 款的规定，按照前款的指示进行现场检查等时，必须按照农业、林业和渔业部条例的规定，向农业、林业和渔业部部长报告结果。

4. 农业、林业和渔业部部长在收到前款规定的报告后，应立即将内容通知环境部部长。

5. 前条第 2 款和第 3 款的规定应比照适用于根据第 1 款规定进行的现场检查，第十二条第 5 款的规定也应比照适用于根据第 1 款的规定进行的扣押。

（对食品及农业物料检验中心的命令）

第十四条

在根据前条第 1 款的规定进行现场检查时，如果认为有必要确保正确实施作业，农业、林业和渔业部部长可以就相关作业向 FAMIC 官员发出必要的命令。

（出口宠物食品的例外情况）

第十五条

内阁令可以部分排除本法的适用对象和企业，以及与出口宠物食品有关的其他必要例外。

（授权）

第十六条

1. 本法规定的农业、林业和渔业部部长的权力可根据农业、林业和渔业部条例的规定委托给地区农业管理局局长。

2. 本法规定的环境部部长的权力可根据环境部条例的规定委托给地区环境办公室主任。

（临时措施）

第十七条

当根据本法规定制定、更改或废除命令时，可以在合理范围内，制定必要的临时措施（包括与刑事条款有关的临时措施）。

第四章　刑　罚

第十八条

对以下任何一项适用的人，应处以一年以下监禁或 100 万日元以下罚款，或两者并罚。

　ⅰ. 违反第六条规定的人；

　ⅱ. 违反第七条第 1 款规定的禁令的人；

　ⅲ. 违反第八条规定的命令的人。

第十九条

有下列情形之一的，处 30 万日元以下罚款。

　ⅰ. 未按照第九条第 1 款和第 2 款的规定发出通知，或发出虚假通知的人；

ⅱ．未按照第十一条第 1 款的规定作出报告或作出虚假报告的人；

ⅲ．拒绝、阻挠或逃避第十二条第 1 款或第十三条第 1 段规定的检查或扣押，或未根据这些规定对询问作出回应，或作出虚假回应的人。

第二十条

当公司代表、公司代理人、员工或其他雇员或个人在公司或个人的运营中违反以下各项规定时，应对公司处以各相关项目规定的罚款，除对违法公司的处罚外，还应对个人处以各条款规定的罚款。

ⅰ．第十八条罚款 1 亿日元以下；

ⅱ．前条规定的罚款。

第二十一条

对未按照第九条第 3 款和第 5 款的规定发出通知或发出虚假通知的人，应处以不超过 20 万日元的非刑事罚款。

第二十二条

如果违反了基于第十四条规定的命令，则应对实施侵权行为的 FAMIC 官员处以不超过 20 万日元的非刑事罚款。

第二十三条

违反第十条第 1 款和第 2 款的规定，未保管账簿、未在账簿中记入条目、在账簿中记录虚假条目或未保管账簿的，应处以不超过 10 万日元的非刑事罚款。

附　　则

（执行日期）

第一条

本法自内阁令规定之日起实施，自颁布之日起不超过一年内下列条款和附则第三条的规定，自公布之日起施行。

（执行所需的准备工作）

第二条

在实施本法之前，农业、林业和渔业部部长和环境部部长可分别听取农业物料委员会和中央环境委员会关于根据第五条第 1 款规定制定标准和规范的意见。

（内阁令授权）

第三条

除前条规定外，执行本法的必要临时措施应由内阁令决定。

（审查）

第四条

政府在考虑到本法实施五年后的实施情况后，认为有必要时，应审查本法的规定，并根据审查结果采取必要措施。

（基本环境的部分修订）

02　宠物食品安全法实施部级条例 *

第 2 号部长令

农业、林业和渔业部

环境部

根据《宠物食品安全法》（2008 年第 83 号法律）第六条第 1 款、第九条第 1 至 3 款、第 5 款和第十条的规定，以及为执行该法，应制定《宠物食品安全法实施部级条例》。

2009 年 5 月 18 日

《宠物食品安全法实施部级条例》

（根据向非特定或大量人员供应宠物食品而非销售）

第一条

《宠物食品安全法》（以下简称"该法"）第六条第 1 项中农业、林业和渔业部及环境部条例规定的"供应"是指向特定人员供应宠物食品，并且必须符合以下任何要求。

ⅰ. 供应的宠物食品必须用于销售；

ⅱ. 供应的宠物食品必须通过销售以外的方式供应给未指定或大量的人。

注：本文的目的是涵盖"销售"和"免费供应"的情况，如分发试用样品。

（制造商通知等）

第二条

根据该法第九条第 1 至 3 款和第 5 款的规定发出的通知必须通过附件 1 中的通知表提交给农业、林业和渔业部部长及环境部部长。（通知要求的例外情况）

第三条

农业、林业和渔业部及环境部条例在该法第九条第 1 款中规定的企业是指其业务是制造和进口宠物食品，并且无意销售该法第六条第 1 项规定的宠物食品的制造商和进口商。

（制造商通知的项目等）

第四条

农业、林业和渔业部及环境部的条例在本法第九条第 1 款第 4 项中规定的项目如下。

ⅰ. 与制造或进口有关的宠物食品用于哪种宠物；

ⅱ. 宠物食品生产、进口或销售的开始日期；

ⅲ. 如果宠物食品是为出口目的而制造或进口的，则必须相应地通知。

（制造商等应记录在账簿中的项目）

---

* 这是非官方翻译。只有日文原版具有法律效力，翻译仅用作参考材料，以帮助理解本条例。

第五条

1. 本法第十条第 1 款中农业、林业和渔业部及环境部的条例规定的项目如下。

ⅰ. 宠物食品的生产或进口日期；

ⅱ. 关于制造商，必须记录以下项目：

    a）宠物食品生产原料的名称和数量；

    b）如果用于制造宠物食品的原材料是通过转让获得的，则应注明转让日期和转让人姓名。

ⅲ. 关于进口商，必须记录以下项目：

    a）宠物食品进口国的名称和供应商的名称；

    b）进口宠物食品的包装类型；

    c）进口宠物食品的生产国和制造商名称以及原材料名称。

2. 农业、林业和渔业部及环境部的条例在本法第十条第 2 款中规定的项目如下。

ⅰ. 宠物食品转让的年月日；

ⅱ. 转让的宠物食品包装类型。

3. 本法第十条规定的账簿必须自最后一次记入账簿之日起保留两年。

（显示官员身份的文件格式）

第六条

根据该法第十二条第 2 款的规定，显示官员身份所需的文件必须遵循附件 2 中的格式。

附则

本部令自法律生效之日（2009 年 6 月 1 日）起执行。

附件 1（第二条）

（a）

宠物食品（制造商/进口商）通知

                                          日期

致农业、林业和渔业部部长

致环境部部长

                         地址

                         名称   公司印章

根据《宠物食品安全法》第九条第 1 款（第 2 款）的规定，我们通知如下：

1. 名称和地址（如果是公司，请提供公司及其代表的名称和公司主要营业地点的地址）；

2. 如果是制造商，其生产宠物食品的工厂的名称和地址；

3. 出售和储存宠物食品的营业场所地址；

4. 生产或进口宠物食品所用的宠物种类；

5. 宠物食品生产或进口的起始日期；

6. 如果宠物食品是为出口目的而制造或进口的，必须相应地通知。

(b)

宠物食品（制造商/进口商）变更通知

日期

致农业、林业和渔业部部长
致环境部部长

地址
名称　　　公司印章

由于（日期）根据《宠物食品安全法》第九条第1款（第2款）的规定提交的通知发生了变化，我们根据该法第九条的第3款的规定通知如下：

1. 变更项目；
2. 变更日期。

(c)

撤销宠物食品业务（制造商/进口商）的通知

日期

致农业、林业和渔业部部长
致环境部部长

地址
名称　　　公司印章

我们根据《宠物食品安全法》第九条第1款（第2款）的规定，提交了截至（日期）的宠物食品（制造商/进口商）通知。但是，我们自（日期）起取消了该业务。因此，我们根据《宠物食品安全法》第九条第3款的规定通知取消业务。

(d)

宠物食品业务（制造商/进口商）继承通知

日期

致农业、林业和渔业部部长
致环境部部长

地址
名称　　　公司印章

根据《宠物食品安全法》第九条第1款（第2款）的规定，截至（日期），我们已成功完成宠物食品（制造商/进口商）通知的业务运营。因此，我们根据《宠物食品安全法》第九条第5款的规定通知如下：

1. 继承日期；
2. 转让业务运营的人的姓名和地址（如果是公司，则应提供公司及其代表的名称和公司主要营业地点的地址）；
3. 继承原因。

附件 2（第六条）

（首页）

<table>
<tr><td rowspan="6">《宠物食品安全法》第十二条第2款规定的标识

    职位名称
    出生日期

照片

身份证签发人姓名</td><td>号码</td></tr>
</table>

《宠物食品安全法》第十二条第 2 款规定的标识

职位名称

出生日期

照片

身份证签发人姓名

号码

发行日期

印章

（封底）

宠物食品安全法（摘录）

第十二条

1. 农业、林业和渔业部部长或环境部长可在执行本法所需的范围内，让其官员进入制造商、进口商或销售商以及宠物食品货运和仓库运营商的营业场所、仓库、海船、车辆和其他与宠物食品制造、进口、零售、运输或储存业务有关的地点，检查宠物食品、原材料或与业务有关的账簿和文件以及其他物品，询问有关各方，或在检查所需范围内扣押宠物食品和原材料。尽管如此，当宠物食品和生食材料被扣押时，应根据市场价格支付赔偿金。

2. 根据前款规定进行现场检查、询问或扣押（"现场检查等"）的官员必须携带表明其身份的文件，并将这些文件出示给有关各方。

3. 第 1 款规定的现场检查等权力不得解释为批准刑事调查。

4 和 5（省略）

第十九条

有下列情形之一的，处 30 万日元以下罚款。

ⅰ 和 ⅱ（省略）

ⅲ. 拒绝、阻挠或逃避第十二条第 1 款或第十三条第 1 款规定的检查或扣押，或未根据这些规定对询问作出回应，或作出虚假回应的人。

第四节

澳大利亚宠物食品法规要求

澳大利亚尚未出台专门的有关宠物食品的法规。在澳大利亚，涉及宠物食品管理的机构主要有澳大利亚农林渔业部（DAFF）、澳大利亚检验检疫局（AQIS）和澳大利亚宠物食品行业协会（PFIAA）。

澳大利亚农林渔业部的职能是制定、执行政策和方案，确保澳大利亚的农业、渔业、食品和林业产业保持竞争力、盈利和可持续发展。尽管该部在 2009 年就设立了"宠物食品监控工作小组"，但实际监管措施较少，宠物食品行业仍处于"自我监管"状态，缺乏强制性法规约束。

澳大利亚检验检疫局为澳大利亚农林渔业部的下属机构，其在国境线上进行检疫工作，将外来害虫和疾病传入澳大利亚的风险降至最低。澳大利亚检验检疫局还提供进口及出口检验服务和证书，以保持澳大利亚动植物和人类的健康水平，同时为澳大利亚动植物出口到海外提供服务。

澳大利亚宠物食品行业协会是由澳大利亚宠物食品制造商、销售商及其他联盟成员组成的一个联盟组织，旨在保障消费者权益，制定行业操作标准，包括原料选择、添加剂使用和卫生规范等，对宠物食品制造商进行监管。然而，这些标准对宠物鲜制肉食厂家的约束力有限，导致部分企业可能添加过量防腐剂（如亚硫酸盐），以延长宠物食品的保质期。

目前，涉及进出口宠物食品的法规有《检疫法》《出口控制法》《进口食品控制法》《检疫条例》《检疫公告》。

第五节
加拿大宠物食品法规要求

加拿大目前没有设立专门进行宠物食品监管的部门，也缺乏全面系统的宠物食品法规。在宠物食品管理方面，主要涉及的机构为加拿大食品检验署（CFIA）和加拿大边境服务署（CBSA）。

加拿大食品检验署成立于 1997 年，其工作目标是"保护加拿大民众免受可预防的健康危害；实施公平有效的食品和动物管理制度，支持具有竞争力的国内与国际市场，维护消费者权益；保障动植物资源的可持续性；确保加拿大食物供应及农业资源的安全；提供完善健全的相关管理"。当前，仅有进口至加拿大的宠物食品需接受加拿大食品检验署的监管。对于进口宠物食品，尤其是动物源性产品（如生皮咬胶、干燥肉类零食等），需满足严格的卫生标准：生皮咬胶需进行干燥处理，并去除油脂和被毛，同时需附带信用合同（CCI），声明不含其他动物成分；干燥猪耳、牛耳等产品需经过高温热处理（如 70 ℃ 至少 22 h），且需由出口国官方部门出具相关证书。

加拿大边境服务署是加拿大政府设立于边境口岸的管理机构，主要职责是确保加拿大食品检验署关于进口宠物食品的政策得以执行，并负责进口产品的通关工作。

加拿大的宠物食品监管框架较为宽松，法规执行力相对薄弱，部分法规限于自愿性执行，主要依靠生产商与政府达成的协议进行约束。目前，涉及宠物食品的法规主要包括《动物卫生法》《饲料法》《消费者包装和标签法》《竞争法》《动物健康保障法规》（2007年）。具体内容如下：

一、《动物卫生法》及其条例

该法及其条例规定了加拿大进出口动物、动物产品、动物副产品、饲料、动物病原体及其他相关物品的检疫制度，为进出口宠物食品的卫生安全把控提供了法律依据。

二、《饲料法》及其条例

该法及其条例对饲料管理、饲料登记、兽医处方饲料、饲料标准、饲料成分分析保证值、饲料标签、饲料包装，以及需关注的有毒有害物质等内容作出了规定。2024 年 7 月发布的新的饲料条例中，与宠物食品相关的要求主要包括：企业需制定危害控制方案；饲料采购和销售记录需至少保存 2 年；新增卫生安全信息的双语（英语/法语）标注及批号标识要求。

三、《消费者包装和标签法》和《竞争法》

这两部法规主要对宠物食品的广告和标签进行规范，要求标签必须包含以下信息：

通用名称（如"狗粮"或"猫粮"）；

净重（以公制单位标注）；

生产商或进口商的联系信息；

建议标注成分表（按含量降序排列）、喂养说明及营养分析（如蛋白质、脂肪等含量）。

不过，这些标签要求并非强制执行。在实际操作中，许多厂商未完全遵守相关规定，主要依靠行业自律。

四、《动物健康保障法规》（2007 年）

该法规明确禁止在宠物食品中使用特定危险物质，如某些反刍动物组织（如脊髓、脑组织等），以防范疯牛病（牛海绵状脑病）等疾病的传播。但在实际执行过程中，主要依赖企业自愿遵守，法规的处罚力度有限，导致执行效果存在一定局限性。

第六节
韩国宠物食品法规要求

韩国涉及宠物食品监管的机构主要是韩国农林水产食品部，检测机构包括韩国国立农产品质量管理院、韩国农林水产食品部农村振兴厅国立畜产科学院。

韩国农林水产食品部负责制定、执行有关确保饲料安全性的政策，并在制定饲料农药残留标准或动物用药品危险标准时，为让饲料制造商提前做好适应标准的准备，可发布拟设定有害标准项目及不同项目安全性指导要求等内容的公告。

韩国未直接出台与宠物食品相关的专门法律法规，但可能涉及宠物食品管理的有《饲料管理法》《饲料管理法施行规则》及农林水产食品部公告第 2010－30 号《有害饲料的范围及基准》。

一、《饲料管理法》

该法对饲料的供求安全、质量管理及安全性确保等事项作出了规定。

二、《饲料管理法施行规则》

《饲料管理法施行规则》对《饲料管理法》和该法施行令中所列事项及其施行所需事项加以规定。

三、《有害饲料的范围及基准》

《有害饲料的范围及基准》规定了饲料内有害物质、动物用医药品范围及允许基准，或可能会给动物等带来疾病的饲料种类，从而达到确保饲料安全性的目的。

第七节
俄罗斯宠物食品法规要求

俄罗斯宠物食品的监管部门是俄罗斯联邦农业食品部联邦兽医局（以下简称兽医局），其职能是组织兽医机关开展预防动物传染病的活动，对畜牧业产品在兽医检疫方面完全符合条件且安全出厂实行监督并保护公民免受人畜共患病的侵袭。

俄罗斯没有针对宠物食品的专门法律法规，主要是《俄罗斯联邦兽医法》和《宠物食品强制标签制度》。

一、《俄罗斯联邦兽医法》

该法于 1993 年 5 月 14 日发布，共 7 章 25 节，是俄罗斯兽医基本法。内容包括兽医的从业权利、俄罗斯联邦国家各相关机关的组织机构和监管执行权利、预防和消除动物传染性疫病的措施、保障动物卫生安全要求等。

二、《宠物食品强制标签制度》

主要内容如下：

1. 时间要求

自 2024 年 9 月 1 日起，企业需在监测信息系统中提交标签注册申请；自 2024 年 10 月 1 日起，所有干宠物食品必须贴标签；自 2025 年 3 月 1 日起，湿宠物食品也需贴标签。

2. 标签要求

标签需包含可追溯信息，确保供应链透明；未贴标签的产品禁止销售，违者将面临处罚。

3. 企业责任

标签的监督监管由俄罗斯前瞻技术发展中心（CRPT）负责，要求企业采用可追溯系统，部分企业需升级设备（如采用雾面包装袋，以解决标签扫描问题）。

03

第三章

中国宠物食品
相关标准简介

第一节

国家标准简介

宠物食品标准化工作发展尚处于起步阶段，其标准体系正在逐步建立完善。目前我国已发布国家标准 7 项（表 3-1），其中比较重要的是 GB/T 31216—2014《全价宠物食品　犬粮》和 GB/T 31217—2014《全价宠物食品　猫粮》；在研国家标准 2 项：宠物食品卫生标准和宠物饲料标签。

表 3-1　现行有效国家标准

序号	标准名称	标准号	起草单位	发布日期	实施日期
1	动物饲料　试样的制备	GB/T 20195—2024	国家饲料质量监督检验中心（北京）	2024-09-29	2025-04-01
2	宠物食品　狗咬胶	GB/T 23185—2008	温州佩蒂宠物用品有限公司、中华人民共和国温州出入境检验检疫局	2008-12-31	2009-05-01
3	宠物干粮食品辐照杀菌技术规范	GB/T 22545—2008	江苏省农业科学院原子能所、江苏瑞迪生科技有限公司、农业部辐照产品质量监督检测测试中心	2008-11-21	2009-02-01
4	全价宠物食品　犬粮	GB/T 31216—2014	中国饲料工业协会、玛氏食品（中国）有限公司	2014-09-03	2015-03-08
5	全价宠物食品　猫粮	GB/T 31217—2014	中国饲料工业协会、玛氏食品（中国）有限公司	2014-09-03	2015-03-08
6	宠物饲料中硝基呋喃类代谢物残留量的测定液相色谱-串联质谱法	GB/T 39670—2020	中华人民共和国南京海关、中华人民共和国淮安海关、江苏海企长城股份有限公司、淮阴师范学院	2020-12-14	2021-07-01
7	饲料中肠杆菌科的检验方法	GB/T 40850—2021	江苏海企长城股份有限公司、中华人民共和国淮安海关、中华人民共和国南京海关、淮阴师范学院	2021-10-11	2022-05-01

2006 年，GB/T 20195—2006《动物饲料　试样的制备》发布。该标准为 ISO 的同等采用标准，标准内容来自 ISO 6498:1998，规定了动物饲料包括宠物食品中实验室样品制备试样的方法，包括原理、所用仪器设备、采样要求、步骤、校正因子。当时，这是国内首次在标准中提及宠物食品。2024 年，修订后的新标准发布。GB/T 20195—2024《动物饲料　试样的制备》相较于 GB/T 20195—2006《动物饲料　试样的制备》，在多个方

面进行了更新与调整，以适应当前技术发展和行业需求。具体变更包括但不限于以下几个方面：一是术语定义，新标准对部分专业术语进行了重新定义或补充说明，确保用词更加准确、规范，便于理解和执行；二是适用范围，新标准扩大了适用范围，不仅限于传统意义上的动物饲料，还涵盖了更多类型的饲料原料及成品，反映了行业内日益增长的需求多样性；三是取样方法，针对不同类型的饲料产品，新标准提供了更为详细且科学合理的取样指导原则，比如增加了关于特殊状态（如高湿度）下样品处理的具体要求；四是样品保存条件，为了保证分析结果的准确性，新标准加强了对于样品保存环境（温度、湿度等）的规定，并提出了更严格的要求；五是质量控制措施，强调了在整个试样准备过程中实施质量控制的重要性，引入了一些新的质控手段和技术，旨在提高数据可靠性；六是安全健康考虑，鉴于近年来饲料企业对生产安全及员工健康的重视程度不断提高，新标准中加入了更多关于操作人员防护及环境保护方面的内容。这些变化体现了我国在动物饲料领域标准化工作的不断进步和完善，有助于提升整个行业的技术水平和服务质量。

2008 年，为应对国内宠物市场的初步崛起和国际贸易要求，国家发布了两项重要的宠物食品国家标准，分别是 GB/T 23185—2008《宠物食品　狗咬胶》和 GB/T 22545—2008《宠物干粮食品辐照杀菌技术规范》。

GB/T 23185—2008《宠物食品　狗咬胶》的起草单位为温州佩蒂宠物用品有限公司、中华人民共和国温州出入境检验检疫局。该标准主要规定了宠物食品狗咬胶的原料要求、感官要求、理化指标、微生物指标和净含量负偏差、添加剂质量和品种、感官检验、理化指标检验、微生物检验、通过组批和抽样进行的出厂检验和型式检验等检验规则，以及标志、包装、运输、贮存和保质期要求。

GB/T 22545—2008《宠物干粮食品辐照杀菌技术规范》的起草单位为江苏省农业科学院原子能所、江苏瑞迪生科技有限公司、农业部辐射产品质量监督检验测试中心。该标准规定了辐照宠物干粮食品的辐照前要求、辐照、辐照后技术指标、试验方法、标识和运输、贮存的技术规范，其中试验方法涉及感官、水分含量、细菌总数、大肠菌群、霉菌总数、沙门氏菌、吸收剂量等检测方法。适用于宠物干粮食品的辐照杀菌，不适用于湿状宠物食品的辐照杀菌。

6 年过后，GB/T 31216—2014《全价宠物食品　犬粮》和 GB/T 31217—2014《全价宠物食品　猫粮》两项标准实行，我国宠物食品市场进入初步发展模式。这两个标准主要规定了全价宠物食品犬粮、猫粮的原料要求、感官指标、理化指标、卫生指标、通过组批和抽样进行的出厂检验和型式检验等检验规则、标签以及包装、运输、贮存和保质期，主要适用于经工业化加工、制作的全价宠物食品粮，不包括宠物添加剂预混合饲料（宠物补充型食品、宠物营养补充剂）、其他宠物食品（宠物零食）和处方粮。

2020 年，GB/T 39670—2020《宠物饲料中硝基呋喃类代谢物残留量的测定　液相色谱-串联质谱法》发布，饲料标准制定工作进入了稳定发展阶段。该标准起草单位为中华人民共和国南京海关、中华人民共和国淮安海关、江苏海企长城股份有限公司、淮阴师范学院，主要规定了宠物饲料中硝基呋喃类代谢物（3-氨基-2-噁唑酮、5-吗啉甲基-3-氨基-噁唑烷基酮、1-氨基-乙内酰脲、氨基脲）残留量的液相色谱-串联质谱测定方法，包括试验原理、所用试剂或材料、所使用的仪器设备、样品制备、试验步骤、试验数据处理及精密度。它适用于以动物源性成分为主要原料制成的宠物饲料，换言之，适用于含有动物源成分的三大类（宠物全价饲料、宠物添加剂预混合饲料和宠物零食）宠物食品。

2021 年，GB/T 40850—2021《饲料中肠杆菌科的检验方法》发布。该标准旨在提供一种全面、科学、规范的检验方法，以确保饲料中不含有害的肠杆菌科病原体。该标准不仅符合国家监管要求，还兼顾实际生产的需要，为饲料生产企业提供了可靠的检测指南。标准的范围中明确表示饲料包含宠物饲料。通过遵循该标准，宠物饲料生产企业可以确保饲料的质量和安全性，提高宠物的健康与福祉。

以上五项标准是目前宠物食品方面现行有效的国家标准，标准的全文内容可在线（国家标准全文公开系统 https：//openstd. samr. gov. cn/bzgk/gb/index）免费阅读，或者通过中国标准出版社购买标准的纸质版文本。

第二节
行业标准简介

　　行业标准是国家标准的重要补充。宠物食品与其他饲料产品一样均属于饲料工业行业领域，由我国农业农村行政主管部门负责监管。现行有效的行业标准主要是两大类（表3-2），一类是出入境宠物食品检验检疫标准，一类是农业农村部发布的农业行业标准。

表3-2　国家已发布实施宠物食品行业标准

序号	标准名称	标准号	起草单位	发布日期	实施日期
1	出口宠物食品检验检疫监管规程　第1部分：饼干类	SN/T 2854.1—2011	中华人民共和国江苏出入境检验检疫局	2011-05-31	2011-12-01
2	出口宠物食品检验检疫监管规程　第2部分：烘干禽肉类	SN/T 2854.2—2012	中华人民共和国山东出入境检验检疫局	2012-10-23	2013-05-01
3	进境宠物食品检验检疫监管规程	SN/T 3772—2014	中华人民共和国天津出入境检验检疫局	2014-01-13	2014-08-01
4	出口宠物食品检验检疫规程　狗咬胶	SN/T 1019—2017	中华人民共和国浙江出入境检验检疫局、浙江宠物行业协会、平阳县宠物行业协会	2017-07-21	2018-03-01
5	挤压膨化固态宠物（犬、猫）饲料生产质量控制技术规范	NY/T 4294—2023	中国农业科学院饲料研究所、华兴宠物食品有限公司、中国农业科学院农业质量标准与检测技术研究所、上海福贝宠物用品股份有限公司、江苏吉家宠物用品有限公司、天津博菲德科技有限公司、江苏丰尚智能科技有限公司、佛山市雷米高动物营养保健科技有限公司、蛙牌宠物（湖北）股份有限公司、烟台中宠食品股份有限公司，河北荣喜宠物食品有限公司、上海依蕴宠物用品有限公司、北京比格泰宠物食品有限责任公司	2023-02-17	2023-06-01

一、出入境宠物食品检验检疫标准

　　主要包括三个出口标准和一个进口标准。

我国宠物食品的出口始于20世纪90年代，最初主要是以代工和原始设计制造的方式出口到国外市场。随着国内宠物食品行业的发展和国际市场的需求增加，我国宠物食品的出口规模逐渐扩大。根据海关数据进行国家间横向比较，2012年我国宠物食品出口额位居全球第5位，占全球出口总额8.20%。为更好地方便宠物食品走出国门，检验检疫标准应运而生。

SN/T 2854.1—2011《出口宠物食品检验检疫监管规程　第1部分：饼干类》的起草单位是中华人民共和国江苏出入境检验检疫局。该标准规定了出口饼干类宠物食品的抽样、检验检疫及监督管理，适用于以谷类粉、油脂等为主要原料，添加适量的辅料，经调粉、成型、烘烤等工艺制成的供宠物食用或具有除臭、磨牙等特殊用途的饼干类宠物食品。

SN/T 2854.2—2012《出口宠物食品检验检疫监管规程　第2部分：烘干禽肉类》的起草单位是中华人民共和国山东出入境检验检疫局。该标准规定了出境烘干禽肉类宠物食品的术语和定义、技术要求、采样、检验检疫及结果判定规则，对现场检验检疫、理化检验、检验检疫结果的判定、不合格的处置、检验检疫有效期制定了标准规范。适用于出境烘干禽肉类宠物食品的检验检疫。

SN/T 1019—2017《出口宠物食品检验检疫规程　狗咬胶》的起草单位为中华人民共和国浙江出入境检验检疫局、浙江宠物行业协会、平阳县宠物行业。2000年左右，狗咬胶系列产品开始自主走出国门，至2017年标准发布时，狗咬胶食品已成为浙江温州平阳县水头镇的支柱产业，其出口额占全国同类产品总量的60%以上。该标准规定了出口狗咬胶类宠物食品的检验项目、技术要求、抽样方式、检验方法、检验方式、合格判定、不合格批次的处置等。

在我国宠物食品出口省份中，个别省份（如山东、浙江）市场占比非常高，对我国宠物产品出口总值贡献度最高。从海关数据可以明显看出，我国宠物食品大类产品出口主要省份分别为山东、浙江和江苏，且以上三个出口标准的起草单位也来自这三个省份，虽然从2017年以来，这三个省份的出口占比有所下降，但出口总量仍是遥遥领先。山东省是我国宠物食品出口绝对大省，占市场份额的60%以上，加上浙江和江苏，三省累积出口总额占全国出口额度的95%以上。

SN/T 3772—2014《进境宠物食品检验检疫监管规程》的起草单位是中华人民共和国天津出入境检验检疫局。该标准对报检单证审核、准备工作、现场检验检疫（施检依据、核对货证、包装及包装标签检验、感官检验）、采样及送检（采样数量、样品的传递和保存）、结果判定和检疫处理、检疫监督、资料归档等程序制定了标准规范。适用于进境宠物食品的现场检验检疫及监管。

二、农业行业标准

2023年2月，由中国农业科学院饲料研究所牵头起草的农业行业标准《挤压膨化固态宠物（犬、猫）饲料生产质量控制技术规范》（NY/T 4294—2023）正式发布。该标准规定了挤压膨化固态宠物（犬、猫）配合饲料生产质量通用技术的要求和证实方法，对质量管理体系、加工工艺、工艺过程控制（原料清理、粉碎粒度、配料秤精度、混合均匀度、调质参数、挤压膨化参数、干燥参数、喷涂、冷却）、加工过程清洁卫生制定了标准规范及证实方法，适用于挤压膨化固态宠物（犬、猫）配合饲料的生产质量控制。

该标准为进一步完善我国宠物食品标准体系作出了重要贡献，将加速推动宠物食品行业的高质量发展，具有标准规范引领行业提质增效的典型意义。

以上五项标准是目前宠物食品方面现行有效的行业标准，可通过中国标准服务网（https：//www.cssn.net.cn/cssn/index）或中国农业出版社购买标准电子或纸质文本。

第三节
地方标准简介

地方标准通常用于填补国家标准或行业标准的空白。当某一领域或行业尚未有国家层面或行业层面的统一标准时，地方政府可以根据本地实际情况和需求，制定相应的地方标准来规范和指导相关活动。地方标准在促进区域经济发展、满足地方特色需求、提高产品和服务质量等方面具有重要作用。

通过在地方标准信息服务平台检索，查询到现有发布备案地方标准非常少，仅有 2 项，分别为《宠物饲料生产企业检验化验室建设指南》（DB13/T 5144—2019）和《宠物饲料生产企业标准化建设指南》（DB4117/T 368—2023）。现简要介绍一下它们的基本情况。

河北省是中国宠物产业第一大省，有"中国宠物产业之都"的美誉，产业链齐全、优秀宠物食品生产企业众多，如华兴宠物食品有限公司、荣喜宠物食品有限公司、乖宝宠物食品集团股份有限公司等。其中，邢台市南和区打造了四个全国第一［宠物食品年产销量全国第一（占比 60％以上）、猫砂年产销量全国第一、全国十强宠物食品生产企业个数全国第一、华兴宠物食品有限公司年产能全国第一］，先后获评"中国宠物食品之乡"、国家外贸转型升级基地（宠物用品、食品）、河北省宠物产业名区、"省级乡村振兴示范区"等荣誉称号，宠物食品产业集群入选河北省"3910"产业布局、河北省中小企业示范产业集群，被列为河北省重点打造的 10 个特色产业集群之一。

在这样的产业背景下，2019 年，河北省发布实施了地方标准《宠物饲料生产企业检验化验室建设指南》。该标准规定了宠物饲料生产企业检验化验室的选址、功能分区及设备设施、建设要求、人员要求、制度、档案及记录，适用于宠物饲料生产企业检验化验室的建设。标准化检验化验室的建设为宠物饲料生产企业健康发展提供了强大的技术支撑，是宠物食品安全的重要保证措施。

河北省驻马店市当地第一大支柱产业为农产品加工，拥有企业 1 700 余家、年产值 2 000多亿，动物饲料生产企业也比较多，较为知名的宠物饲料生产企业有三和宠物食品有限公司和河南宠世纪宠物食品有限公司。2023 年，为更好地协助产业发展和升级，河南省驻马店市发布和实施地方标准《宠物饲料生产企业标准化建设指南》。该标准规定了宠物饲料生产企业标准化建设相关的术语和定义、基本要求、设施要求、生产过程控制及安全生产等技术，适用于宠物饲料生产企业的标准化建设。该标准的制定进一步规范了驻马店市宠物饲料生产企业的生产行为，保障了宠物饲料产品质量安全。宠物饲料生产企业通过严格参照本规范的要求组织生产，实现从原料采购到产品销售的全程质量安全控制。

第四节
团体标准简介

宠物食品团体标准是由多个企业或组织共同制定的标准，旨在规范宠物食品的生产、质量和安全管理。这些标准通常由行业协会或行业联盟发起，集合行业内多家企业、研究机构和专家共同制定，以确保标准的科学性和实用性。团体标准适用于团体成员内部执行，具有较高的操作性和指导性。

查询全国团体标准信息平台，目前已发布宠物食品团体标准53项，其中较重要的有29项（表3-3），涵盖原料选择、零食、营养补充剂、益生菌、生产加工工艺、质量控制、包装材料、储存运输等多个方面。现简要介绍几个比较有特色的团体标准。

表3-3　现行有效团体标准

序号	标准名称	标准号	起草单位	发布日期	实施日期
1	宠物食品 狗咬胶	T/ZZB 0810—2018	佩蒂动物营养科技股份有限公司、温州市质量技术监督检测院	2018/11/30	2018/12/31
2	冻干宠物食品规范	T/CIQA 15—2020	中国农业科学院饲料研究所、天津朗诺宠物食品有限公司、宠意资本投资有限公司、乖宝宠物食品集团股份有限公司、湖南佩达生物科技有限公司、安徽新彩虹饲料科技有限公司、济南海关技术中心、福建省宠爱生活科技有限公司	2020/12/29	2021/01/01
3	宠物配合饲料（全价宠物食品）标准综合体团体规范	T/CGAPA 002—2019	中国优质农产品开发服务协会宠物产业委员会、中国农业大学、中国农业科学院农业质量标准与检测技术研究所［国家饲料质量监督检验中心（北京）］、上海福贝宠物用品有限公司、昆明贝康宠物医疗保健有限公司、华兴宠物食品有限公司、河北荣喜宠物食品有限公司、乖宝宠物食品集团有限公司、怀来安贝宠物食品有限公司、斯玛酷（上海）宠物食品有限公司、上海味它宠物用品有限公司、爱澌克（南京）贸易有限公司、成都好主人宠物食品有限公司、北京京东世纪贸易有限公司、上海万耀企龙展览有限公司、南和县宠物产业促进会、北京万牧源农业科技有限公司	2019/08/01	2019/09/01

（续）

序号	标准名称	标准号	起草单位	发布日期	实施日期
4	宠物营养补充剂标准综合体团体规范	T/CGAPA 003—2019	中国优质农产品开发服务协会宠物产业委员会、中国农业大学、中国农业科学院农业质量标准与检测技术研究所〔国家饲料质量监督检验中心（北京）〕、上海宠幸宠物用品有限公司、深圳市红瑞生物科技有限公司、怀来安贝宠物食品有限公司、昆明贝康宠物医疗保健有限公司、先牧投资管理（上海）有限公司、苏州集合维康生物科技有限公司、江苏联益生物科技有限公司、北京京东世纪贸易有限公司、万耀企龙展览有限公司、北京万牧源农业科技有限公司	2019/08/01	2019/09/01
5	宠物零食标准综合体团体规范	T/CGAPA 001—2019	中国优质农产品开发服务协会宠物产业委员会、中国农业大学、中国农业科学院农业质量标准与检测技术研究所〔国家饲料质量监督检验中心（北京）〕、山东农业大学、青岛农业大学、乖宝宠物食品集团有限责任公司、青岛天地荟食品有限公司、上海福贝宠物用品有限公司、昆明贝康宠物医疗保健有限公司、天津朗诺宠物食品有限公司、安贝（北京）宠物食品有限公司、苏州锦华宠物用品有限公司、北京京东世纪贸易有限公司、上海万耀企龙展览有限公司、北京万牧源农业科技有限公司	2019/08/01	2019/09/01
6	宠物用磷虾油	T/QGCML 4304—2024	中国农业科学院饲料研究所、天津朗诺宠物食品有限公司、宠意资本投资有限公司、乖宝宠物食品集团股份有限公司、湖南佩达生物科技有限公司、安徽新彩虹饲料科技有限公司、济南海关技术中心、福建省宠爱生活科技有限公司	2024/05/24	2024/06/08
7	全价宠物食品兔粮	T/SDPIA 03—2022	山东省农业科学院畜牧兽医研究所、青岛科奈尔饲料有限公司、曼莫宠物用品（上海）有限公司、杭州奢沐科技有限公司	2022/02/17	2022/02/18
8	宠物食品冻干生骨肉	T/ACCEM 020—2024	江苏蓝色麦田科技有限公司、山东菲耀生物科技有限公司、上海鲜生纪生物科技有限公司、上海宠创生物科技有限公司、广东中科研化妆品技术研究有限公司、深华冻干（上海）智能科技有限公司、亚华宠物食品（山东）有限公司	2024/06/26	2024/07/15
9	宠物内服益生菌	T/QGCML 1436—2023	世卫国华（北京）医疗科技研究院有限公司、山东宠言生物科技有限公司、河北科星药业有限公司、百岳特生物科技（上海）有限公司、浙江佩克生物科技有限公司	2023/09/19	2023/09/30
10	全价宠物食品益生菌粮	T/CASME 673—2023	武汉中博绿亚生物科技有限公司、湖北中博绿亚生物技术有限公司、湖北怡宠亲宠物用品有限公司	2023/08/31	2023/09/15

（续）

序号	标准名称	标准号	起草单位	发布日期	实施日期
11	湿型全价宠物食品	T/SDPIA 01—2023	山东省农业科学院畜牧兽医研究所、乖宝宠物食品集团股份有限公司、山东帅克宠物用品股份有限公司、辽宁惠康检测评价技术有限公司、山东汇聚宠物食品有限公司、山东路斯宠物食品股份有限公司、艾德奥宠物食品（漯河）有限公司、上海天祥质量技术服务有限公司、青岛西海岸新区农业农村局	2023/07/06	2023/07/06
12	宠物饲料 苜蓿干草粉	T/SAASS 28—2022	山东省农业科学院休闲农业研究所、山东润景农业科技有限公司、宁阳丰汇农业发展有限公司	2022/01/26	2022/01/26
13	烘焙全价宠物食品	T/SDPIA 08—2022	中誉宠物食品（漯河）有限公司、山东帅克宠物用品股份有限公司、辽宁海辰宠物有机食品有限公司、泰安泰宠宠物食品有限公司、天津宠次元宠物用品销售有限公司、浙江吉宠商贸有限公司、山东凯锐思动物营养有限公司、宠控创新科技有限公司、湖南佩达生物科技有限公司、星宠王国（北京）科技有限公司、河北伊莱莎生物技术有限公司、中国农业科学院饲料研究所、麦都宠医（上海）科技发展有限公司、山东宠言生物科技有限公司、青岛逢时宠科生物技术有限公司、乖宝宠物食品集团股份有限公司、山东润达检测技术有限公司、通标标准技术服务（青岛）有限公司、华测检测认证集团股份有限公司、青岛谱尼测试有限公司、辽宁惠康检测评价技术有限公司、青岛市黄岛区农业农村局	2023/07/06	2023/07/06
14	宠物饲料 黑麦草干草	T/SAASS 3—2022	山东省农业科学院休闲农业研究所、山东润景农业科技有限公司、宁阳丰汇农业发展有限公司	2022/01/26	2022/01/26
15	冻干全价宠物食品	T/SDPIA 01—2024	主要起草单位：山东宠之优品宠物食品有限公司、青岛明月安欣营养科技有限公司、中誉宠物食品（漯河）有限公司、山东凯锐思动物营养有限公司、乖宝宠物食品集团股份有限公司、山东科乐宠物食品有限公司、星宠王国（北京）科技有限公司、上海源鲜宠物食品有限公司、山东齐康佰欧生物科技有限公司、青岛逢时宠科生物技术有限公司、蓬莱市蓬仙制冷空调有限公司、自然有味（北京）宠物食品有限公司、中国农业科学院饲料研究所、山东省农业科学院畜牧兽医研究所。参与起草单位：山东润达检测技术有限公司、上海盟宠信息技术有限公司、广州云成网络科技有限公司、哆啦哌冻干食品（山东）有限公司、亚华宠物食品（山东）有限公司、南德商品检测（青岛）有限公司、山东宠言生物科技有限公司、青岛市华测检测技术有限公司、摩逗宠物食品（山东）有限公司、辽宁惠康检测评价技术有限公司、山东赛西宠物食品有限公司、山东海荣生物科技有限公司	2024/01/19	2024/01/19
16	宠物饲料 苜蓿干草	T/SAASS 23—2022	山东省农业科学院休闲农业研究所、山东润景农业科技有限公司、宁阳丰汇农业发展有限公司	2022/01/26	2022/01/26

（续）

序号	标准名称	标准号	起草单位	发布日期	实施日期
17	宠物饲料 燕麦干草	T/SAASS 27—2022	山东省农业科学院休闲农业研究所、山东润景农业科技有限公司、宁阳丰汇农业发展有限公司	2022/01/26	2022/01/26
18	宠物食品杂菌率检测技术规范	T/CASME 1551—2024	武汉中博绿亚生物科技有限公司、湖北中博绿亚生物技术有限公司、湖北怡宠亲宠物用品有限公司	2024/06/24	2024/07/01
19	膨化宠粮中芽孢类益生菌的检测方法	T/CASME 415—2023	武汉中博绿亚生物科技有限公司、湖北中博绿亚生物技术有限公司、湖北怡宠亲宠物用品有限公司	2023/05/25	2023/05/31
20	宠物零食质量安全管理要求	T/CAQI 345—2023	乖宝宠物食品集团股份有限公司、重庆思味特宠物用品股份有限公司、佩蒂动物营养科技股份有限公司、山东宠言生物科技有限公司、日照顺弓宠物食品有限公司、青岛市华测检测技术有限公司、浙江上方生物科技有限公司、麦都宠医（上海）科技发展有限公司、江苏欢欢宠物食品有限公司、山东奥奈生物医药有限公司、北京京东健康有限公司、高乔宠物食品（浙江）有限公司、华熙生物科技股份有限公司、广东中科研化妆品技术研究有限公司、沧州正大生物制品股份有限公司、世卫国华（北京）医疗科技研究院有限公司	2023/09/25	2023/10/25
21	草宠用猫尾草干草质量分级	T/CNHIA 16—2023	中国农业大学、中国马业协会、内蒙古农业大学、岷县畜牧中心、岷县草产业协会、岷县方正草业开发有限责任公司、岷县香绿牧草种植农民专业合作社、甘肃嘉之源农业开发有限责任公司、岷县立源牧草种植农民专业合作社	2023/11/06	2024/06/01
22	宠物零食生产企业基本要求	T/SDPIA 04—2022	山东料好生物科技有限公司、山东凯锐思动物营养有限公司、青岛双安生物科技有限公司、青岛泉禄纳食品有限公司、山东路斯宠物食品股份有限公司、湖南佩达生物科技有限公司、青岛奥力宠物食品有限公司、亚华宠物食品（山东）有限公司、诸城三丰源食品有限公司、青岛康大长荣进出口有限公司、青岛亚鲁特食品有限公司、山东宠言生物科技有限公司、青岛市华测检测技术有限公司、南德商品检测（青岛）有限公司、上海天祥质量技术服务有限公司、石家庄市畜产品和兽药饲料质量检测中心、聊城市农业农村局	2023/01/12	2023/01/12
23	宠物折扣食品流通指南	T/SHDSGY 164—2022	上海晶昌明贸易有限公司、上海迈司德供应链管理有限公司、润英蓝地计量检测（上海）有限公司、威海迪普森生物科技有限公司	2022/11/30	2022/11/30
24	宠物食品包装用铝质软管	T/CASMES 96—2022	广东利乐医药包装材料有限公司、珠海市一品药业有限公司、珠海普华医药科技有限公司、珠海哈福得生物科技有限公司、深圳市红瑞生物科技股份有限公司、中国中小企业协会	2022/09/06	2022/09/10

（续）

序号	标准名称	标准号	起草单位	发布日期	实施日期
25	宠物饲料 小麦苗干草	T/SAASS 26—2022	山东省农业科学院休闲农业研究所、山东润景农业科技有限公司、宁阳丰汇农业发展有限公司	2022/01/26	2022/01/26
26	宠物饲料 黑麦草干草	T/SAASS 25—2022	山东省农业科学院休闲农业研究所、山东润景农业科技有限公司、宁阳丰汇农业发展有限公司	2022/01/26	2022/01/26
27	宠物饲料 梯牧草干草	T/SAASS 24—2022	山东省农业科学院休闲农业研究所、山东润景农业科技有限公司、宁阳丰汇农业发展有限公司	2022/01/26	2022/01/26
28	宠物饲料中牛磺酸的测定	T/CFIAS 6010—2024	中国农业科学院农业质量标准与检测技术研究所〔国家饲料质量检验检测中心（北京）〕、北京市兽药饲料监测中心、新疆畜牧科学院畜牧业质量标准研究所、上海天祥质量技术服务有限公司、上海安谱实验科技股份有限公司、岛津企业管理（中国）有限公司、乖宝宠物食品集团股份有限公司、深圳红瑞生物科技有限公司、上海宠幸宠物用品有限公司、皇誉宠物食品（上海）有限公司、天津雀巢普瑞纳宠物食品有限公司	2024/09/23	2024/10/19
29	宠物配合饲料中8种水溶性维生素的测定 液相色谱-串联质谱法	T/CFIAS 6012—2024	中国农业科学院农业质量标准与检测技术研究所〔国家饲料质量检验检测中心（北京）〕、北京市兽药饲料监测中心、新疆畜牧科学院畜牧业质量标准研究所、上海天祥质量技术服务有限公司、上海安谱实验科技股份有限公司、岛津企业管理（中国）有限公司、乖宝宠物食品集团股份有限公司、深圳红瑞生物科技有限公司、上海宠幸宠物用品有限公司、皇誉宠物食品（上海）有限公司、天津雀巢普瑞纳宠物食品有限公司	2024/09/23	2024/10/19

　　T/CGAPA 001—2019《宠物零食标准综合体团体规范》规定了宠物零食的相关术语定义、厂区建设要求、产品分类、加工工艺、原料和添加剂、产品技术研发、质量控制管理、产品储存运输、环保污染防治、产品营销出口等方面的内容。T/CGAPA 002—2019《宠物配合饲料（全价宠物食品）标准综合体团体规范》规定了宠物配合饲料相关术语定义、生产许可要求、产品分类、加工工艺、原料和添加剂、产品技术研发、质量控制管理、产品储存运输、环保污染防治、产品营销出口、品牌运营维护、重要保障措施、标准实施管理等，适用于宠物配合饲料生产企业综合管理、技术研发、质量控制、生产营销及进出口指导等。

　　T/CGAPA 001—2019、T/CGAPA002—2019 和 T/CGAPA 003—2019 共同构成了宠物食品行业的质量管理体系，以保障宠物的健康和安全。

　　T/SDPIA 03—2022《全价宠物食品　兔粮》是首个关于宠物兔食品的团体标准。近年来，宠物市场的繁荣让人们有了更多的选择，从传统的猫狗到各种奇特的异宠，每一种动物都在寻找自己的忠实粉丝。在这其中，兔子作为一种小巧可爱、温顺可亲的动物，逐渐走进了越来越多人的视野。随着国内多个商品化兔粮品牌的诞生，相关的标准也应运而生。该标准规定了全价宠物食品-兔粮的术语和定义、技术要求、检验方法、包装、运输、贮存，适用于宠物兔全价配合饲粮的生产、包装、运输、贮存和销售。

T/SDPIA 08—2022《烘焙全价宠物食品》的起草单位为中誉宠物食品（漯河）有限公司、山东帅克宠物用品股份有限公司等 22 家单位。该标准首创"烘焙全价宠物食品"术语，即以肉类、营养类物质为主要原料，鲜肉含量在 50% 以上，动物蛋白质量百分比在 80% 以上，采用在低于 45 ℃ 条件下常压方式成型，同时物料在 60～95 ℃ 温度区间通过干热的方式使物料脱水，并通过 100～150 ℃ 短时高温热处理等工艺制成的供宠物食用，且能满足宠物每日营养需要的宠物食品。该标准要求在加工质量指标中，淀粉糊化度不低于 80%，还建议根据宠物需求设计合适的粗蛋白含量，以免造成宠物的消化负担，对行业具有显著的指导意义。

宠物湿粮是一种以肉类、动物内脏、粮食类、果蔬类等农业产品为主要原料制成的宠物主粮。T/SDPIA 01—2023《湿型全价宠物食品》的出现是对现有国家标准和行业标准的重要补充。该标准定义了湿型全价宠物食品术语和定义、技术要求、标签、检验及包装容器、运输及保质期。修订版本增加了包装容器的技术要求，提高了粗纤维的含量上限，修订了牛磺酸、硫胺素和维生素 E 的检测方法，增加了牛磺酸免于检测的必要条件，删除了商业无菌检测作为出厂检验的项目等，适用于满足犬猫全面营养需要的湿型全价宠物食品。

目前发布的标准暂未有符合当下宠物食品"高蛋白""低淀粉""合适钙磷比""高动物源性原料"理念的相关内容，属于标准技术上的空白点。当下市场上如通用磨坊旗下的蓝挚品牌，精选高品质、源自天然的食材，以真实肉类为配料表第一位，不主动添加玉米、小麦与大豆，不主动添加人工防腐剂及香精，从原料到生产层层把关，更创新性地添加了富含抗氧化成分的颗粒 LSB（Lifesource Bits），采用较低温度制取的方式来保持抗氧化剂的效力，支持宠物免疫系统健康，全方位守护宠物健康。

高质量的团体标准会对行业起到一定的支持和引领作用。宠物食品团体标准的发布实施，一是填补现有标准空白，为行业提供及时的技术支持和规范引导；二是有助于规范和指导宠物食品的生产和市场销售，促进宠物食品行业的健康发展；三是通过明确生产要求、质量控制、产品储存和运输等方面的要求，确保宠物食品的安全和品质，提升消费者对宠物食品的信任；四是促进企业采用更先进的生产工艺和原材料，推动技术创新和产业升级，增强企业的市场竞争力，促进整个行业的健康发展。

04

―

第四章

国外宠物食品
相关标准简介

第一节

美国饲料管理协会标准简介

AAFCO（Association of American Feed Control Officials，美国饲料管理协会）宠物食品标准是美国宠物食品行业普遍遵循的一套营养和标签指导原则。这些标准旨在确保宠物食品的营养均衡和安全性，以及标签信息的准确性和完整性。

AAFCO 宠物食品标准涵盖了以下 5 个方面的内容：

1. 营养成分要求

蛋白质、脂肪、碳水化合物：规定了宠物食品中这些主要营养素的最小和/或最大含量，以确保宠物获得足够的能量和营养。

矿物质和维生素：列出了宠物生长、发育和维持健康所必需的矿物质和维生素的种类和推荐量。

特定营养素：如精氨酸、牛磺酸等，这些营养素对宠物的特定生理功能至关重要。

2. 营养成分分析

AAFCO 要求宠物食品制造商进行营养成分分析，并将营养成分及其含量准确标注在产品的标签上。这有助于消费者了解产品的实际营养成分含量，以便根据宠物的需求进行选择。

3. 标签要求

产品名称：标签上应明确标注产品的名称，如"猫粮"或"狗粮"。

成分表：成分表应按照原料在产品中的重量从多到少排列，以使消费者了解产品的原料组成。

营养保证分析：标签上应提供营养保证分析，包括蛋白质、脂肪、纤维等主要营养素的含量。

使用说明和警告：标签上应包含有关正确使用和储存产品的说明，以及可能的健康警告。

4. 安全性要求

AAFCO 宠物食品标准强调原料的安全性，要求制造商使用高质量的原料，避免使用有害物质、毒素、重金属或致病菌。

此外，标准还规定了宠物食品的生产和储存条件，以确保产品的质量和安全性。

5. 认证和监管

AAFCO 通过制定和执行这些标准，对宠物食品行业进行监管和认证。符合 AAFCO

标准的宠物食品可以获得其认证标志，这有助于消费者识别并选择高质量的产品。

宠物食品的营养成分涵盖了水分、蛋白质/氨基酸、粗脂肪、粗纤维、无氮浸出物、矿物质、维生素等。宠物食品各营养成分的搭配方案必须由宠物营养学专业的宠物营养师指导制定，根据宠物不同生长阶段、不同体型、自身体质等因素综合考虑。不仅很多美国品牌的宠物食品按照 AAFCO 标准执行，国内的很多宠物食品品牌也宣称自己的产品同样符合 AAFCO 的相关要求，更有一些宠物食品品牌，如蓝挚品牌等，在自己的官方网站上明确标识出，其产品除了基本营养需求按照 AAFCO 和 NRC 标准执行外，还会考虑到不同来源的营养物质消化率的差异，为犬、猫提供全面均衡的营养。值得一提的是，蓝挚的产品不仅符合 AAFCO 的基础营养标准，也符合 AAFCO 更为严格的天然粮标准。

想查看标准全文的读者，可以登录 AAFCO 官网（https://www.aafco.org/），找到并点击"Publications"（出版物），在下拉菜单中选择"Official Publication"（官方出版物），然后在新页面中找到"AAFCO Official Publication Online"（AAFCO 官方出版物在线版）并点击进入，可选择查看"AAFCO Official Publication for Dog and Cat Foods"（犬粮和猫粮的 AAFCO 官方出版物）或"AAFCO Official Publication for Feed"（饲料的 AAFCO 官方出版物）。

以下简要介绍犬粮和猫粮营养指标需要量。

表 4 - 1　AAFCO 犬粮营养指标需要量

营养指标	单位	幼犬最低含量	成年犬最低含量	最高含量	生理功能
粗蛋白	%	22.5	18.0		组成细胞、肌肉、激素、酶
精氨酸	%	1.0	0.51		促进伤口愈合
组氨酸	%	0.44	0.19		调节代谢
异亮氨酸	%	0.71	0.38		辅助激素调节
亮氨酸	%	1.29	0.068		平衡异亮氨酸
赖氨酸	%	0.9	0.63		促进大脑发育，促进脂肪代谢，调节腺体，防止细胞退化
蛋氨酸	%	0.35	0.33		促进生长，提高生产性能，增强免疫力，护肝和解毒等
蛋氨酸＋胱氨酸	%	0.7	0.65		滋养被毛
苯丙氨酸	%	0.83	0.45		促进脂肪代谢，支持大脑发育和调节神经系统功能
苯丙氨酸＋酪氨酸	%	1.3	0.74		保护泌尿功能
苏氨酸	%	1.04	0.48		调节平衡
色氨酸	%	0.2	0.16		调节消化
缬氨酸	%	0.68	0.49		作用于生殖系统
粗脂肪	%	8.5	5.5		提供能量，改善毛皮质量

（续）

营养指标	单位	幼犬最低含量	成年犬最低含量	最高含量	生理功能
亚油酸	%	1.3	1.1		改善被毛质量
α-亚麻酸	%	0.08	ND		改善被毛质量，增强免疫系统功能，促进心血管健康和抗炎作用
EPA+DHA	%	0.05	ND		维持宠物的皮肤屏障，滋养皮肤和被毛，恢复皮肤水分含量，减少因皮肤干燥引起的瘙痒和抓挠
（亚油酸+花生四烯酸）：（α-亚麻酸+EPA+DHA）					30：1
维生素及其他					
维生素 A	IU/kg	5 000	5 000	250 000	维持视觉，维护上皮组织，促进生长发育
维生素 D	IU/kg	500	500	3 000	促进骨骼健康，增强免疫力，调节钙磷吸收
维生素 E	IU/kg	50	50		抗氧化，调节免疫系统，促进生殖健康和改善血液循环
维生素 B_1（硫胺素）	mg/kg	2.25	2.25		促进代谢，维持神经系统健康，促进消化和增强免疫力
维生素 B_2（核黄素）	mg/kg	5.2	5.2		促进能量代谢，维持皮肤和眼睛健康，增强免疫力，促进生长发育
维生素 B_3（烟酸）	mg/kg	13.6	13.6		促进能量代谢
维生素 B_5（泛酸）	mg/kg	12.0	12.0		保持皮毛健康，支持中枢神经和能量代谢
维生素 B_6（吡哆醇）	mg/kg	1.5	1.5		促进蛋白质代谢、血红蛋白合成
维生素 B_{12}（钴胺素）	mg/kg	0.028	0.028		促进红细胞生成，维持神经系统健康
叶酸	mg/kg	0.216	0.216		促进生长发育，提高免疫力
胆碱	mg/kg	1 360	1 360		促进脂肪代谢，增强免疫力
矿物质					
钙	%	1.2	0.05	2.5	参与骨骼、牙齿形成
磷	%	1.0	0.4	1.6	参与能量代谢，参与骨骼和牙齿形成
钙磷比		1：1	1：1	2：1	影响钙磷吸收率
钾	%	0.6	0.6		维持电解质平衡，促进肌肉功能，参与新陈代谢
钠	%	0.3	0.08		维持酸碱平衡，调节渗透压，促进消化和吸收

（续）

营养指标	单位	幼犬最低含量	成年犬最低含量	最高含量	生理功能
氯	%	0.45	0.12		维持渗透压，调节酸碱平衡，参与水分代谢，促进消化
镁	%	0.06	0.06		维持神经和肌肉功能、骨骼健康
铁	mg/kg	88.0	40.0		维持血液健康，增强免疫力
锰	mg/kg	7.2	5.0		促进骨骼发育
铜	mg/kg	12.4	7.3		参与血红蛋白和多种氧化还原酶的合成和激活，促进铁的利用
锌	mg/kg	100	80		促进生长发育，增强免疫力，维护皮肤和毛发健康
碘	mg/kg	1.0	1.0	11.0	调节基础代谢率，调节温度、生长发育、神经肌肉功能和生殖
硒	mg/kg	0.35	0.35	2.0	抗氧化，增强免疫力，促进生长和繁殖

备注1：若犬粮的能量密度是4 000 kcal ME（代谢能）/kg，配方能量超过4 000 kcal ME（代谢能）/kg时，需要根据能量密度值进行对应调整，低于4 000 kcal ME（代谢能）/kg时不需要做调整。低能量密度的配方不适合生产期的母犬。

备注2：推荐使用成年标准体重的犬进行能量摄入测试。

备注3：对犬的粗脂肪真实需求量尚不明确，当前最低喂养量是基于必需脂肪酸可满足脂溶性维生素吸收、提高适口性和满足能量需求而设定的。

备注4：ND代表不清楚。我们暂时不清楚其最低摄入量。

备注5：成年体重超过31.5 kg的大型幼犬，最大钙摄入量为1.8%（干物质）。对于其他年龄犬，最大钙摄入量为2.5%（干物质）。

备注6：由于明显低下的消化率，碳酸盐和氧化物来源的铁含量不被考虑到最低铁含量当中。

备注7：由于明显低下的消化率，氧化物来源的铜含量不被考虑到最低铜含量当中。

备注8：我们建议维生素E和不饱和脂肪酸的比例大于0.6∶1。

备注9：由于生产工艺会导致90%以上的维生素B_1流失，因此应保证成品的维生素B_1达标。

表4-2　AAFCO猫粮营养指标需要量

营养指标	单位	幼猫最低含量	成年猫最低含量	最高含量	生理功能
粗蛋白	%	30.0	26.0		表4-1中已标明的不再重复写入表4-2中
精氨酸	%	1.24	1.04		
组氨酸	%	0.33	0.31		
异亮氨酸	%	0.56	0.52		
亮氨酸	%	1.28	1.24		
赖氨酸	%	1.2	0.83		
蛋氨酸	%	0.62	0.2	1.5	
蛋氨酸＋胱氨酸	%	1.1	0.4		

（续）

营养指标	单位	幼猫最低含量	成年猫最低含量	最高含量	生理功能
苯丙氨酸	%	0.52	0.42		
苯丙氨酸＋酪氨酸	%	1.92	1.53		
苏氨酸	%	0.73	0.73		
色氨酸	%	0.25	0.16	1.7	
缬氨酸	%	0.64	0.62		
粗脂肪	%	9.0	9.0		
亚油酸	%	0.6	0.6		
α-亚麻酸	%	0.02	ND		
花生四烯酸		0.02	0.02		增强免疫力，改善皮肤和被毛质量
EPA＋DHA		0.012	ND		
维生素及其他					
维生素 A	IU/kg	6 668	3 332	333 300	
维生素 D	IU/kg	280	280	30 080	
维生素 E	IU/kg	40.0	40.0		
维生素 K	mg/kg	0.1	0.1		维持血液凝固
维生素 B_1（硫胺素）	mg/kg	5.6	5.6		
维生素 B_2（核黄素）	mg/kg	4.0	4.0		
维生素 B_3（烟酸）	mg/kg	60.0	60.0		
维生素 B_5（泛酸）	mg/kg	5.75	5.75		
维生素 B_6（吡哆醇）	mg/kg	4.0	4.0		
维生素 B_{12}（钴胺素）	mg/kg	0.02	0.02		
维生素 H（生物素）	mg/kg	0.07	0.07		促进能量代谢，维持皮肤和毛发健康，支持神经系统功能，促进被毛生长
叶酸	mg/kg	0.8	0.8		
胆碱	mg/kg	2 400	2 400		
牛磺酸（干粮）	%	0.1	0.1		保护视力和心脏，促进大脑发育
牛磺酸（罐头）	%	0.2	0.2		
矿物质					
钙	%	1.0	0.6		
磷	%	0.8	0.5		
钾	%	0.6	0.6		
钠	%	0.2	0.2		
氯	%	0.3	0.3		
镁	%	0.06	0.06		
铁	mg/kg	88.0	80.0		

（续）

营养指标	单位	幼猫最低含量	成年猫最低含量	最高含量	生理功能
铜（干粮）	mg/kg	15.0	5.0		
铜（罐头）	mg/kg	8.4	5.0		
锰	mg/kg	7.6	7.6		
锌	mg/kg	75.0	75.0		
碘	mg/kg	1.8	0.6	9.0	
硒	mg/kg	0.3	0.3		

备注1：若猫粮的能量密度是4 000 kcal ME（代谢能）/kg，配方能量超过4 000 kcal ME（代谢能）/kg需要根据能量密度值进行对应调整，低于4000 kcal ME（代谢能）/kg时不需要做调整。低能量密度的配方不适合生产期的母猫。

备注2：推荐使用成年标准体重的猫进行能量摄入测试。

备注3：对猫的粗脂肪真实需求量尚不明确，当前最低喂养量是基于必需脂肪酸可满足脂溶性维生素吸收、提高适口性和满足能量需求而设定的。

备注4：ND代表不清楚。我们暂时不清楚其最低摄入量。

备注5：若猫尿液的平均pH≥6.4，随着食物中镁含量的增加，其患结石的风险也随之增加。

备注6：由于明显低下的消化率，碳酸盐和氧化物来源的铁含量不被考虑到最低铁含量当中。

备注7：由于明显低下的消化率，氧化物来源的铜含量不被考虑到最低铜含量当中。

备注8：每千克猫粮中有1 g鱼油，需要在维生素E最低摄入量上提高10 IU。

备注9：只有按照干物质分析，饲料配方中添加超过25％的鱼类产品时，才需添加维生素K。

备注10：由于生产工艺会导致90％以上的维生素B_1的流失，因此应保证成品猫粮的维生素B_1含量符合标准。

备注11：只有当饲料配方中含有抗菌和抗维生素的化合物时，才添加生物素。

第二节
欧盟宠物食品工业联合会标准简介

欧盟宠物食品工业联合会简称 FEDIAF，于 1970 年成立，是代表欧洲宠物食品行业的贸易机构，由德国、英国、法国、奥地利等 18 个国家或地区会员和 5 个公司会员组成，服务于欧洲大约 95% 的宠物食品企业。该协会通过与欧洲相关政府部门合作，制定了一系列关于宠物食品营养成分的基础配比、宠物食品生产的标准规范，被 18 个国家或地区采用，是欧洲和全球宠物营养的主要参考标准之一。

想查看标准全文的读者，可以登录 FEDIAF 官方网站（https：//europeanpetfood.org//），找到并点击"Self regulation"（行业自律），在下拉菜单中选择拟查看的标准内容，并下载即可。

FEDIAF 发布的《宠物犬、猫食品营养指南》主要根据犬、猫不同生长阶段的营养需要和对营养物质的消化吸收率，采纳最新研究和科学实验数据来保持科学性和权威性。该指南对于保证犬猫对能量、蛋白质、微量元素、维生素等营养成分的基本需求并维持最长寿命，提高犬、猫的健康水平具有指导意义。

作为欧洲宠物营养领域的权威指南，它不仅受到了欧洲当地消费者团体、行业专家及宠物主人的高度信赖，也受到了其他国家和地区的关注和借鉴。该指南为保持与最新科研成果同步，自发布以来，经历了多次修订。2024 年 9 月 11 日，FEDIAF 发布了最新版的《宠物犬、猫食品营养指南》，同 2021 年版相比，有几处变动，但整体变化不大，主要变化为：

1. 代表机构有变化

FEDIAF 代表欧盟、挪威、瑞士和英国的宠物食品行业协会，代表了欧洲约 150 家宠物食品公司的观点和利益。

2. 能量摄入公式有调整

对于犬类，新的公式中添加了"$n-4$"系数，以更好地反映不同犬种的能量需求差异。

新公式为：$145 \text{ kcal/kg BW}^{0.75} + [96 + 12 * (n-4)] * \text{kg BW} * \text{L}$

3. 总能公式的精度有修订

原 7.2.2 中总能的计算公式中的系数四舍五入到小数点后一位有效数字。

4. 全价犬粮营养建议进一步完善

2024 版主要在 2021 版基础上，进一步解释了低蛋白高脂肪食物对犬的不良影响：主要是会导致胰腺炎的发生。

另外，说明了：脂肪本身并不是必需的，只要大于所有必需脂肪酸的最低推荐值（只要达到犬、猫能够吸收脂溶性维生素的量即可），就不会存在营养缺失的风险。

5. 猫的磷摄入需求量有变化

更新脚注 f。增加了对高生物利用度无机磷化合物的摄入警告，建议摄入量应低于 1.5 g/1 000 kcal ME，以防止对猫的肾功能产生影响。

以下简要介绍犬粮和猫粮的营养需要。

表 4-3　全价犬粮的营养推荐水平（以每 100 g 干物质计）

营养成分	单位	最低推荐值				最大值
		成年期		幼年前期（<14 周龄）和繁育期	幼年后期（≥14 周龄）	（L）＝欧盟法律限值（N）＝营养学限值
		95 kcal/kg$^{0.75}$	110 kcal/kg$^{0.75}$			
蛋白质	g	21.00	18.00	25.00	20.00	
精氨酸	g	0.6	0.52	0.82	0.74	
组氨酸	g	0.27	0.23	0.39	0.25	
异亮氨酸	g	0.53	0.46	0.65	0.50	
亮氨酸	g	0.95	0.82	1.29	0.80	
赖氨酸	g	0.46	0.42	0.88	0.70	幼年期：2.80（N）
蛋氨酸	g	0.46	0.40	0.35	0.26	
蛋氨酸＋胱氨酸	g	0.88	0.76	0.70	0.53	
苯丙氨酸	g	0.63	0.54	0.65	0.50	
苯丙氨酸＋酪氨酸	g	1.03	0.89	1.30	1.00	
苏氨酸	g	0.6	0.52	0.81	0.64	
色氨酸	g	0.20	0.17	0.23	0.21	
缬氨酸	g	0.68	0.59	0.68	0.56	
脂肪	g	5.50	5.50	8.50	8.50	
亚油酸	g	1.53	1.32	1.30	1.30	幼年前期：6.50（N）
花生四烯酸	mg			30.00	30.00	
亚麻酸	g			0.08	0.08	
EPA＋DHA	g			0.05	0.05	
矿物质						
钙	g	0.58	0.50	1.00	0.80^a 1.00^b	成年期：2.50（N）幼年前期：1.60（N）幼年后期：1.80（N）
磷	g	0.46	0.40	0.90	0.70	成年期：1.60（N）^{h}

（续）

营养成分	单位	最低推荐值 成年期 95 kcal/kg$^{0.75}$	110 kcal/kg$^{0.75}$	幼年前期（<14 周龄）和繁育期	幼年后期（≥14 周龄）	最大值 (L)＝欧盟法律限值 (N)＝营养学限值
钙磷比		1：1				成年期：2：1 (N) 幼年前期和繁育期：1.6：1 (N) 幼年后期：1.8：1^a(N) 或 1.6：1^b(N)
钾	g	0.58	0.50	0.44	0.44	
钠	g	0.12	0.10	0.22	0.22	
氯化物	g	0.17	0.15	0.33	0.33	
镁	g	0.08	0.07	0.04	0.04	
微量元素						
铜	mg	0.83	0.72	1.10	1.10	2.80 (L)
碘	mg	0.12	0.11	0.15	0.15	1.10 (L)
铁	mg	4.17	3.60	8.80	8.80	68.18 (L)
锰	mg	0.67	0.58	0.56	0.56	17.00 (L)
硒（湿粮）	μg	27.00	23.00	40.00	40.00	56.80 (L)^d
硒（干粮）	μg	22.00	18.00	40.00	40.00	56.80 (L)^d
锌	mg	8.34	7.20	10.00	10.00	22.70 (L)
维生素						
维生素 A	IU	702.00	606.00	500.00	500.00	40 000 (N)
维生素 D	IU	63.90	55.20	55.20	50.00	227.00 (L) 320.00 (N)
维生素 E	IU	4.17	3.60	5.00	5.00	
维生素 B$_1$（硫胺素）	mg	0.25	0.21	0.18	0.18	
维生素 B$_2$（核黄素）	mg	0.69	0.60	0.42	0.42	
维生素 B$_5$（泛酸）	mg	1.64	1.42	1.20	1.20	
维生素 B$_6$（吡哆醇）	mg	0.17	0.15	0.12	0.12	
维生素 B$_{12}$（钴胺素）	μg	3.87	3.35	2.80	2.80	
维生素 B$_3$（烟酸）	mg	1.89	1.64	1.36	1.36	
叶酸	μg	29.90	25.80	21.60	21.60	
生物素	μg					
胆碱	mg	189.00	164.00	170.00	170.00	
维生素 K	μg					

表4-4　全价犬粮的营养推荐水平（每1 000 kcal代谢能单位）

营养成分	单位	最低推荐值				最大值
		成年期		幼年前期（＜14周龄）和繁育期	幼年后期（≥14周龄）	(L)＝欧盟法律限值（N)＝营养学限值
		95 kcal/kg$^{0.75}$	110 kcal/kg$^{0.75}$			
蛋白质	g	52.10	45.00	62.50	50.00	
精氨酸	g	1.51	1.30	2.04	1.84	
组氨酸	g	0.67	0.58	0.98	0.63	
异亮氨酸	g	1.33	1.15	1.63	1.25	
亮氨酸	g	2.37	2.05	3.23	2.00	
赖氨酸	g	1.22	1.05	2.20	1.75	幼年期：7.00（N）
蛋氨酸	g	1.16	1.00	0.88	0.65	
蛋氨酸＋胱氨酸	g	2.21	1.91	1.75	1.33	
苯丙氨酸	g	1.56	1.35	1.63	1.25	
苯丙氨酸＋酪氨酸	g	2.58	2.23	3.25	2.50	
苏氨酸	g	1.51	1.30	2.03	1.60	
色氨酸	g	0.49	0.43	0.58	0.53	
缬氨酸	g	1.71	1.48	1.70	1.40	
脂肪	g	13.75	13.75	21.25	21.25	
亚油酸	g	3.82	3.27	3.25	3.25	幼年前期：16.25（N）
花生四烯酸	mg			75.00	75.00	
亚麻酸	g			0.20	0.20	
EPA＋DHA	g			0.13	0.13	
矿物质						
钙	g	1.45	1.25	2.50	2.00^a 2.50^b	成年期：6.25（N）幼年前期：4.00（N）幼年后期：4.50（N）
磷	g	1.16	1.00	2.25	1.75	成年期：4.00（N）^{h}
钙磷比		1：1				成年期：2：1（N）幼年前期和繁育期：1.6：1（N）幼年后期：1.8：1^a（N）或1.6：1^b（N）
钾	g	1.45	1.25	1.10	1.10	
钠	g	0.29	0.25	0.55	0.55	
氯化物	g	0.43	0.38	0.83	0.83	
镁	g	0.20	0.18	0.10	0.10	

（续）

营养成分	单位	最低推荐值				最大值
		成年期		幼年前期 （＜14 周龄） 和繁育期	幼年后期 （≥14 周龄）	（L）＝欧盟法律限值 （N）＝营养学限值
		95 kcal/kg$^{0.75}$	110 kcal/kg$^{0.75}$			
微量元素						
铜	mg	2.08	1.80	2.75	2.75	（L）
碘	mg	0.30	0.26	0.38	0.38	（L）
铁	mg	10.40	9.00	22.00	22.00	（L）
锰	mg	1.67	1.44	1.40	1.40	（L）
硒（湿粮）	μg	67.50	57.50	100.00	100.00	（L）
硒（干粮）	μg	55.00	45.00	100.00	100.00	（L）
锌	mg	20.80	18.00	25.00	25.00	（L）
维生素						
维生素 A	IU	1 754	1 515	1 250	1 250	100 000（N）
维生素 D	IU	159.00	138.00	138.00	125.00	（L） 800.00（N）
维生素 E	IU	10.40	9.00	12.50	12.50	
维生素 B$_1$（硫胺素）	mg	0.62	0.54	0.45	0.45	
维生素 B$_2$（核黄素）	mg	1.74	1.50	1.05	1.05	
维生素 B$_5$（泛酸）	mg	4.11	3.55	3.00	3.00	
维生素 B$_6$（吡哆醇）	mg	0.42	0.36	0.30	0.30	
维生素 B$_{12}$（钴胺素）	μg	9.68	8.36	7.00	7.00	
维生素 B$_3$（烟酸）	mg	4.74	4.09	3.40	3.40	
叶酸	μg	74.70	64.50	54.00	54.00	
生物素	μg					
胆碱	mg	474.00	409.00	425.00	425.00	
维生素 K	μg					

表 4-5　全价犬粮的营养推荐水平（每兆焦代谢能单位）

营养成分	单位	最低推荐值				最大值
		成年期		幼年前期 （＜14 周龄） 和繁育期	幼年后期 （≥14 周龄）	（L）＝欧盟法律限值 （N）＝营养学限值
		95 kcal/kg$^{0.75}$	110 kcal/kg$^{0.75}$			
蛋白质	g	12.50	10.80	14.94	11.95	
精氨酸	g	0.36	0.31	0.49	0.44	
组氨酸	g	0.16	0.14	0.23	0.15	

（续）

营养成分	单位	最低推荐值		幼年前期（<14 周龄）和繁育期	幼年后期（≥14 周龄）	最大值
		成年期				(L)＝欧盟法律限值 (N)＝营养学限值
		95 kcal/kg$^{0.75}$	110 kcal/kg$^{0.75}$			
异亮氨酸	g	0.32	0.27	0.39	0.30	
亮氨酸	g	0.57	0.49	0.77	0.48	
赖氨酸	g	0.29	0.25	0.53	0.42	幼年期：1.67（N）
蛋氨酸	g	0.28	0.24	0.21	0.16	
蛋氨酸＋胱氨酸	g	0.53	0.46	0.42	0.32	
苯丙氨酸	g	0.37	0.32	0.39	0.30	
苯丙氨酸＋酪氨酸	g	0.62	0.53	0.78	0.60	
苏氨酸	g	0.36	0.31	0.48	0.38	
色氨酸	g	0.12	0.10	0.14	0.13	
缬氨酸	g	0.41	0.35	0.41	0.33	
脂肪	g	3.29	3.29	5.08	5.08	
亚油酸	g	0.91	0.79	0.78	0.78	幼年前期：3.88（N）
花生四烯酸	mg			17.90	17.90	
亚麻酸	g			0.05	0.05	
EPA＋DHA	g			0.03	0.03	
矿物质						
钙	g	0.35	0.30	0.60	0.48[a] 0.60[b]	成年期：1.49（N）幼年前期：0.96（N）幼年后期：1.08（N）
磷	g	0.28	0.24	0.54	0.42	成年期：0.96（N）[h]
钙磷比		1：1				成年期：2：1（N）幼年前期和繁育期：1.6：1（N）幼年后期：1.8：1[a]（N）或 1.6：1[b]（N）
钾	g	0.35	0.30	0.26	0.26	
钠	g	0.07	0.06	0.13	0.13	c
氯化物	g	0.10	0.09	0.20	0.20	c
镁	g	0.05	0.04	0.02	0.02	
微量元素						
铜	mg	0.50	0.43	0.66	0.66	(L)
碘	mg	0.07	0.06	0.09	0.09	(L)
铁	mg	2.49	2.15	5.26	5.26	(L)

(续)

营养成分	单位	最低推荐值				最大值
		成年期		幼年前期 (<14 周龄) 和繁育期	幼年后期 (≥14 周龄)	(L)=欧盟法律限值 (N)=营养学限值
		95 kcal/kg$^{0.75}$	110 kcal/kg$^{0.75}$			
锰	mg	0.40	0.34	0.33	0.33	(L)
硒（湿粮）	μg	16.10	13.70	23.90	23.90	(L)
硒（干粮）	μg	13.10	10.80	23.90	23.90	(L)
锌	mg	4.98	4.30	5.98	5.98	(L)
维生素						
维生素 A	IU	419.00	362.00	299.00	500.00	23 900（N）
维生素 D	IU	38.20	33.00	33.00	29.90	(L) 191.00（N）
维生素 E	IU	2.49	2.20	3.00	3.00	
维生素 B$_1$（硫胺素）	mg	0.15	0.13	0.11	0.11	
维生素 B$_2$（核黄素）	mg	0.42	0.36	0.25	0.25	
维生素 B$_5$（泛酸）	mg	0.98	0.85	0.72	0.72	
维生素 B$_6$（吡哆醇）	mg	0.10	0.09	0.07	0.07	
维生素 B$_{12}$（钴胺素）	μg	2.31	2.00	1.67	1.67	
维生素 B$_3$（烟酸）	mg	1.13	0.98	0.81	0.81	
叶酸	μg	17.90	15.40	12.90	12.90	
生物素	μg					
胆碱	mg	113.00	97.80	102.00	102.00	
维生素 K	μg					

表 4-6　全价猫粮的营养推荐水平（以每 100 g 干物质计）

营养成分	单位	最低推荐值			最大值
		成年期		幼年期/ 繁育期	(L)=欧盟法律限值 (N)=营养学限值
		75 kcal/kg$^{0.75}$	100 kcal/kg$^{0.75}$		
蛋白质	g	33.30	25.00	28.00 /30.00	幼年期：3.50（N）
精氨酸	g	1.30	1.00	1.07/1.11	
组氨酸	g	0.35	0.26	0.33	
异亮氨酸	g	0.57	0.43	0.54	
亮氨酸	g	1.36	1.02	1.28	
赖氨酸	g	0.45	0.34	0.85	
蛋氨酸	g	0.23	0.17	0.44	幼年期：1.30（N）

（续）

营养成分	单位	最低推荐值 成年期 75 kcal/kg$^{0.75}$	最低推荐值 成年期 100 kcal/kg$^{0.75}$	幼年期/繁育期	最大值 (L)＝欧盟法律限值 (N)＝营养学限值
蛋氨酸＋胱氨酸	g	0.45	0.34	0.88	
苯丙氨酸	g	0.53	0.40	0.50	
苯丙氨酸＋酪氨酸	g	2.04	1.53	1.91	
苏氨酸	g	0.69	0.52	0.65	
色氨酸	g	0.17	0.13	0.16	幼年期：1.70（N）
缬氨酸	g	0.68	0.51	0.64	
牛磺酸（湿粮）	g	0.27	0.20	0.25	
牛磺酸（干粮）	g	0.13	0.10	0.10	
脂肪	g	9.00	9.00	9.00	
亚油酸	g	0.67	0.50	0.55	
花生四烯酸	mg	8.00	6.00	20.00	
亚麻酸	g			0.02	
EPA＋DHA	g			0.01	
矿物质					
钙	g	0.53^g	0.40^g	1.00^g	
磷	g	0.35^g	0.26^g	0.84^g	f
钙磷比		1：1			幼年期：1.5：1（N） 成年期：2：1（N）
钾	g	0.80	0.60	0.60	
钠	g	0.10	0.08	0.16	e
氯化物	g	0.15	0.11	0.24	
镁	g	0.05	0.04	0.05	
微量元素					
铜	mg	0.67	0.50	1.00	2.80（L）
碘	mg	0.17	0.13	0.18	1.10（L）
铁	mg	10.70	8.00	8.00	68.18（L）
锰	mg	0.67	0.50	1.00	17.00（L）
硒（湿粮）	μg	35.00	26.00	30.00	56.80（L）^{d}
硒（干粮）	μg	28.00	21.00	30.00	56.80（L）^{d}
锌	mg	10.00	7.50	7.50	22.70（L）

（续）

营养成分	单位	最低推荐值		幼年期/繁育期	最大值
		成年期			(L)＝欧盟法律限值 (N)＝营养学限值
		75 kcal/kg$^{0.75}$	100 kcal/kg$^{0.75}$		
维生素					
维生素 A	IU	444.00	33 300	900.00	幼年期和成年期：40 000（N） 繁育期：33 333（N）
维生素 D	IU	33.30	25.00	28.00	227.00（L） 3 000（N）
维生素 E	IU	5.07	3.80	3.80	
维生素 B$_1$（硫胺素）	mg	0.59	0.44	0.55	
维生素 B$_2$（核黄素）	mg	0.42	0.32	0.32	
维生素 B$_5$（泛酸）	mg	0.77	0.58	0.57	
维生素 B$_6$（吡哆醇）	mg	0.33	0.25	0.25	
维生素 B$_{12}$（钴胺素）	μg	2.35	1.76	1.80	
维生素 B$_3$（烟酸）	mg	4.21	3.20	3.20	
叶酸	μg	101.00	75.00	75.00	
生物素	μg	8.00	6.00	7.00	
胆碱	mg	320.00	240.00	240.00	
维生素 K	μg				

表 4－7　全价猫粮的营养推荐水平（每 1 000 kcal 代谢能单位）

营养成分	单位	最低推荐值		幼年期/繁育期	最大值
		成年期			(L)＝欧盟法律限值 (N)＝营养学限值
		75 kcal/kg$^{0.75}$	100 kcal/kg$^{0.75}$		
蛋白质	g	83.30	62.50	70.00 /75.00	
精氨酸	g	3.30	2.50	2.68/2.78	幼年期：8.75（N）
组氨酸	g	0.87	0.65	0.83	
异亮氨酸	g	1.44	1.08	1.35	
亮氨酸	g	3.40	2.55	3.20	
赖氨酸	g	1.13	0.85	2.13	
蛋氨酸	g	0.57	0.43	1.10	幼年期：3.25（N）
蛋氨酸＋胱氨酸	g	1.13	0.85	2.20	
苯丙氨酸	g	1.33	1.00	1.25	

（续）

营养成分	单位	最低推荐值		幼年期/繁育期	最大值
		成年期			(L)＝欧盟法律限值 (N)＝营养学限值
		75 kcal/kg$^{0.75}$	100 kcal/kg$^{0.75}$		
苯丙氨酸＋酪氨酸	g	5.11	3.83	4.78	
苏氨酸	g	1.73	1.30	1.63	
色氨酸	g	0.44	0.33	0.40	幼年期：4.25（N）
缬氨酸	g	1.70	1.28	1.60	
牛磺酸（湿粮）	g	0.67	0.50	0.63	
牛磺酸（干粮）	g	0.33	0.25	0.25	
脂肪	g	22.50	22.50	22.50	
亚油酸	g	1.67	1.25	1.38	
花生四烯酸	mg	20.00	15.00	50.00	
亚麻酸	g			0.05	
EPA＋DHA	g			0.03	
矿物质					
钙	g	1.33^g	1.00^g	2.50^g	
磷	g	0.85^g	0.64^g	2.10^g	f
钙磷比		1∶1			幼年期：1.5∶1（N） 成年期：2∶1（N）
钾	g	2.00	1.50	1.50	
钠	g	0.25	0.19	0.40	e
氯化物	g	0.39	0.29	0.60	
镁	g	0.13	0.10	0.13	
微量元素					
铜	mg	1.67	1.25	2.50	(L)
碘	mg	0.43	0.33	0.45	(L)
铁	mg	26.70	20.00	20.00	(L)
锰	mg	1.67	1.25	2.50	(L)
硒（湿粮）	μg	87.50	65.00	75.00	(L)
硒（干粮）	μg	70.00	52.50	75.00	(L)
锌	mg	25.00	18.80	18.80	(L)
维生素					
维生素 A	IU	1 110	833.00	2 250	幼年期和成年期： 100 000（N） 繁育期：83 325（N）

（续）

营养成分	单位	最低推荐值		幼年期/繁育期	最大值 (L)＝欧盟法律限值 (N)＝营养学限值
		成年期			
		75 kcal/kg$^{0.75}$	100 kcal/kg$^{0.75}$		
维生素 D	IU	83.30	62.50	70.00	(L) 7 500（N）
维生素 E	IU	12.70	9.50	9.50	
维生素 B$_1$（硫胺素）	mg	1.47	1.10	1.40	
维生素 B$_2$（核黄素）	mg	1.05	0.80	0.80	
维生素 B$_5$（泛酸）	mg	1.92	1.44	1.43	
维生素 B$_6$（吡哆醇）	mg	0.83	0.63	0.63	
维生素 B$_{12}$（钴胺素）	μg	5.87	4.40	4.50	
维生素 B$_3$（烟酸）	mg	10.50	8.00	8.00	
叶酸	μg	253.00	188.00	188.00	
生物素	μg	20.00	15.00	17.50	
胆碱	mg	800.00	600.00	600.00	
维生素 K	μg				

表 4-8　全价猫粮的营养推荐水平（每兆焦代谢能单位）

营养成分	单位	最低推荐值		幼年期/繁育期	最大值 (L)＝欧盟法律限值 (N)＝营养学限值
		成年期			
		75 kcal/kg$^{0.75}$	100 kcal/kg$^{0.75}$		
蛋白质	g	19.92	14.94	16.73 /17.93	
精氨酸	g	0.80	0.60	0.64/1.00	幼年期：2.09（N）
组氨酸	g	0.21	0.16	0.20	
异亮氨酸	g	0.35	0.26	0.32	
亮氨酸	g	0.81	0.61	0.76	
赖氨酸	g	0.27	0.20	0.51	
蛋氨酸	g	0.14	0.10	0.26	幼年期：0.78（N）
蛋氨酸＋胱氨酸	g	0.27	0.20	0.53	
苯丙氨酸	g	0.32	0.24	0.30	
苯丙氨酸＋酪氨酸	g	1.23	0.92	1.14	
苏氨酸	g	0.41	0.31	0.39	
色氨酸	g	0.11	0.08	0.10	幼年期：1.02（N）
缬氨酸	g	0.41	0.31	0.38	
牛磺酸（湿粮）	g	0.16	0.12	0.15	

（续）

营养成分	单位	最低推荐值		最大值
		成年期	幼年期/繁育期	（L）＝欧盟法律限值（N）＝营养学限值
		75 kcal/kg$^{0.75}$	100 kcal/kg$^{0.75}$	

营养成分	单位	75 kcal/kg$^{0.75}$	100 kcal/kg$^{0.75}$	幼年期/繁育期	最大值
牛磺酸（干粮）	g	0.08	0.06	0.06	
脂肪	g	5.38	5.38	5.38	
亚油酸	g	0.40	0.30	0.33	
花生四烯酸	mg	4.78	3.59	11.95	
亚麻酸	g			0.01	
EPA＋DHA	g			0.01	
矿物质					
钙	g	0.32^{g}	0.24^{g}	0.60^{g}	
磷	g	0.20^{g}	0.15^{g}	0.50^{g}	f
钙磷比		1∶1			幼年期：1.5∶1（N）成年期：2∶1（N）
钾	g	0.48	0.36	0.36	
钠	g	0.06	0.05	0.10	e
氯化物	g	0.09	0.07	0.14	
镁	g	0.03	0.02	0.03	
微量元素					
铜	mg	0.40	0.30	0.60	（L）
碘	mg	0.10	0.08	0.11	（L）
铁	mg	6.37	4.78	4.78	（L）
锰	mg	0.40	0.30	0.60	（L）
硒（湿粮）	μg	20.90	15.50	17.90	（L）
硒（干粮）	μg	16.70	12.50	17.90	（L）
锌	mg	5.98	4.48	4.48	（L）
维生素					
维生素 A	IU	265.00	199.00	538.00	幼年期和成年期：23 901（N）繁育期：19 917（N）
维生素 D	IU	19.90	14.90	16.70	（L）1 793（N）
维生素 E	IU	3.03	2.30	2.30	
维生素 B₁（硫胺素）	mg	0.35	0.26	0.33	
维生素 B₂（核黄素）	mg	0.25	0.19	0.19	
维生素 B₅（泛酸）	mg	0.46	0.34	0.34	

（续）

营养成分	单位	最低推荐值		幼年期/繁育期	最大值
		成年期			（L）＝欧盟法律限值（N）＝营养学限值
		75 kcal/kg$^{0.75}$	100 kcal/kg$^{0.75}$		
维生素 B$_6$（吡哆醇）	mg	0.20	0.15	0.15	
维生素 B$_{12}$（钴胺素）	μg	1.40	1.05	1.08	
维生素 B$_3$（烟酸）	mg	2.52	1.91	1.91	
叶酸	μg	60.5	44.90	44.90	
生物素	μg	4.78	3.59	4.18	
胆碱	mg	191.00	143.00	143.00	
维生素 K	μg				

a. 若是成年体重不超过 15 kg 的品种的幼犬，在整个幼年后期生长阶段（≥14 周）钙一直为这个添加量。

b. 若是成年体重超过 15 kg 的品种的幼犬，到 6 月龄左右，钙的添加量可降低到 0.8％ DM（以干物质计）（2 g/1 000 kcal 或 0.48 g/MJ），钙磷比可提高到 1.8∶1。

c. 科学数据表明，钠含量高达 1.5％ DM（以干物质计）（3.75 g/1 000 kcal 或 0.89 g/MJ ME）和氯化物含量高达 2.35％ DM（以干物质计）（5.87 g/1000 kcal 或 1.40 g/MJ ME）对健康犬是安全的。钠含量和氯化物含量更高的水平可能仍然是安全的，但没有科学数据可用。

d. 对于有机硒，最大补充量为 22.73 μg 有机硒（以每 100 g 干物质计）〔0.20 mg 有机硒（以每千克含水量为 12％的全价饲料计）〕。

e. 科学数据显示，钠含量高达 1.5％ DM（以干物质计）（3.75 g/1 000 kcal ME 或 0.89 g/MJ ME）对健康猫是安全的。钠含量更高的水平可能仍然是安全的，但没有科学数据可用。

f. 高生物利用度无机磷化合物（Pi，如磷酸二氢钠）的摄入量≥1.5 g/1 000 kcal ME 会影响猫的肾功能指标（Alexander J et al，2019；Dobenecker B et al，2018a；Dobenecker B et al，2018b）。一项评估 1 g Pi/1 000 kcal ME 摄入量的研究表明，这一水平不会对健康成年猫的肾脏功能产生明显的不良影响。这项研究包括：一项为期 30 周的研究，饮食中含有 1 g 三聚磷酸钠/1 000 kcal（Coltherd J C et al，2021）；一项为期 5 年的研究，饮食中含有 1 g Pi/1 000 kcal ME（磷的摄入形式为 50％单磷酸钾和 50％焦磷酸钠）（Reynolds et al，2024）。关于无机磷化合物的不同摄入形式和其他营养成分之间相互作用的影响还需要更多的研究来证实。

g. 当矿物质浓度接近宠物粮配方推荐量时，应仔细考虑矿物质的生物利用度。例如，在高纤维食品和配方宠物粮中，富含植酸盐的植物原料是磷的主要来源。

h. 无机磷化合物摄入量高，会影响犬体内的钙磷平衡（Siedler S，2018；Dobenecker B et al，2021）。需要更多的研究来进一步确定不同磷源和其他营养成分相互作用的影响，以及它们在肾脏、骨骼和心血管健康中的作用。

05

—

附　录

附录一
中国宠物行业发展现状及展望

一、行业现状

（一）市场规模持续扩大

根据《2023—2024年中国宠物行业白皮书（消费报告）》，2023年我国城镇宠物（犬猫）消费市场规模已达2 793亿元，预计到2026年将跃升至3 613亿元。

（二）宠物数量增长迅速

2018—2024年，中国城镇宠物犬猫数量从9 149万只飙升至1.24亿只。其中：宠物犬数量从2018年的5 085万只增长至2024年的5 258万只，宠物猫数量从2018年的4 064万只增长为2024年的7 153万只，涨幅高达76%，宠物猫数量的增长速度明显快于宠物犬；2018—2023年宠物猫数量增长4.8%，宠物犬数量下降0.5%；2024年宠物犬数量较2023年增长1.6%，宠物猫数量则增长2.5%。这种变化主要与当前人们现代生活节奏快，工作压力大，以及年轻宠主尤其是生活在一、二城市的群体，更愿意选择猫这种擅于独处、不用带去室外活动的宠物有关，同时，人均住房面积相对较小，也不便于饲养犬类等需要大面积活动空间的宠物。

按照目前的趋势，预期在2028年宠物猫的数量将超过1.1亿只。从长期来看，类比日本的情况，我国宠物数量还有较大的上升空间，宠物犬和猫的数量预计都将继续增加，将为宠物行业带来更多的发展机遇。

（三）产业链不断完善

我国宠物行业产业链相对完善，围绕宠物全生命周期逐渐形成宠物繁育、食品、用品、出行、健康医疗、培训教育、娱乐、服务等全产业布局，各环节协同发展，市场规模持续扩张。其中，涉及第一产业的宠物繁育及食品原材料供应，第二产业则是宠物的食品、用品、药品等配套产品，第三产业主要是宠物医疗、美容、培训、寄养、殡葬等多样化服务。形成三大特点：一是渠道融合。线上线下协同销售成主流，52.1%的宠物商品通过电商渠道售出，线下实体店则侧重体验服务。二是品牌崛起。国内品牌商通过自建工厂、完善全链条溯源体系提升品质，更多进口品牌在市场上受到消费者青睐。三是智能化与高端化。智能用品市场高速增长，宠物主人对高营养价值食品、专业化服务的支付意愿增强，推动产业链向高端升级。

在宠物繁育与交易领域，专业繁育机构与交易平台推动市场扩容。随着养宠需求增长，线上线下的宠物交易平台（如宠物领养平台、垂直电商）快速崛起，提供多样化的宠物选择，包括犬、猫等主流宠物及异宠交易。同时，繁育环节趋向规范化，部分企业通过标准化繁育流程提升宠物健康品质，但市场仍存在分散化特征。

宠物食品生产是产业链的核心环节。据统计，当前宠物食品的消费占据整个宠物消费市场的 52.3%～52.8%。当前宠物食品市场呈现精细化趋势，主粮、零食、营养品细分市场快速发展。例如，功能性食品（如助消化、亮毛产品）需求增长显著。

宠物用品市场涉及智能设备（如喂食器、智能猫砂盆）、服饰、玩具等产品。2023 年宠物用品市场规模达 407 亿元，智能用品在 2024 年电商"618"活动期间销售额同比增长超 100%。

（四）呈现多元化服务需求

随着宠物数量的增长，宠物服务行业呈现出多元化和个性化的趋势，出现医疗、美容、摄影、寄养等细分领域。其中宠物医疗占比约 28%，宠物医疗除常规疾病诊治之外，还有宠物体检、疫苗接种、牙科护理等细分领域，疫苗、体检及专科诊疗需求增长。在宠物服务方面，传统的宠物美容、寄养等服务持续发展，宠物美容不仅包括洗澡、造型，还出现了特色染色等个性化服务。同时，新兴服务不断涌现：宠物教育训导帮助宠物养成良好行为习惯，受到宠物主人的关注，统计抖音、快手、微信视频号等新媒体平台目前约有 1 300 个相关账号，粉丝数累计约 5 300 万人；宠物保险为宠物健康和意外提供保障；宠物殡葬满足宠物主人的情感需求，宠物摄影、宠物婚礼等"拟人化"服务也逐渐兴起。但在关注发展的同时也应看到存在的地区发展不平衡问题。当前一线城市和部分二线城市宠物服务产业发展较为成熟，服务种类丰富，专业人才集中，消费观念也较为先进，而三、四线及以下城市发展相对滞后，服务供给不足，市场有待进一步开发。

二、宠物经济的推动因素

（一）经济发展

随着中国经济的快速发展和居民生活水平的提高，宠物逐渐成为更多家庭的情感寄托和生活伴侣。

（二）人口结构变化

随着城市化进程加速、单身人群规模的变化、家庭小型化、人口老龄化、新出生人口数量的下降，社会人口结构发生了巨大变化，人们对于宠物角色意识的转变，从"看家"向"陪伴"转变，推动了宠物经济的发展。

（三）消费理念升级

消费者对宠物的情感需求逐步提高，养宠标准也在持续提升，对宠物食品、用品的需求更加科学和精细。对于宠物食品的选择更加理性，不仅要求原料要天然、优质，也要求配方做到科学、营养，为宠物的健康带来实实在在的保护和改善。一些宠物天然粮制造商在研发、生产宠物食品（如蓝挚品牌产品）时，会在满足宠物全面均衡营养需求的基础上，根据宠物不同生命阶段的营养需求进行配方设计，同时兼顾宠物特定生理状态下的营养需求，如肠道不适、被毛不佳、体重过重等，为宠物提供功能性的营养支持。

以老年犬猫的营养需求为例，虽然犬和猫属于不同的物种，但是对蛋白质都有非常强的需求。随着年龄的增长，老年犬猫往往会出现肌肉的流失，其基础代谢率会减缓，皮肤弹性会下降。肌肉组织的减少会导致蛋白质储备的降低。蛋白质储备通常可以帮助动物更好地调动自身的应激和疾病反应，以便更好地适应环境变化，降低病原微生物传染等带来的有害刺激。老年犬猫的疾病和营养代谢障碍发生率高，如果它们的反应能力受损，就特别容易受到伤害。因此，应该为老年犬猫提供高质量的蛋白质。研究表明，老年宠物摄入更多的蛋白质，可帮助其进行组织修复、维持免疫系统的功能和供能。一些宠物食品的高端、超高端产品生产商会针对老年宠物设计针对性的营养配方，能为老年动物提供足量水平和品质的蛋白质。

随着人类对抗氧化理念的熟悉，消费者也开始注重宠物食品的抗氧化功能。一些宠物食品制造商，如通用磨坊，通过其独家的 LSB（Lifesource Bits）抗氧生命粒（富含维生素、矿物质和抗氧化剂），为宠物提供额外的保护，帮助其维持免疫系统的健康。

（四）技术创新

电商的快速发展和技术创新为宠物经济提供了新的增长点，企业纷纷入场布局，推动了宠物经济的发展。

三、未来发展趋势

（一）市场潜力巨大

宠物经济的市场潜力巨大，预计未来几年将继续保持快速增长。产业链将进一步整合，头部企业通过技术研发与品牌建设巩固优势，同时日趋严格的监管推动行业规范化发展。未来，围绕宠物健康管理、智能生态的服务创新将成为增长新引擎。

（二）产品智能化升级

智能宠物用品创新：除了现有的智能喂食器、智能饮水机等产品之外，未来还会出现更多功能强大、智能化程度更高的宠物用品。例如，能够实时监测宠物健康状况的智能项圈、智能宠物床等。

宠物科技医疗发展：利用人工智能、大数据等技术，宠物医疗将实现更精准的诊断和治疗。远程医疗、智能诊断系统等会逐渐普及，宠物基因检测、个性化药物研发等领域也将取得突破。

（三）服务领域拓展

宠物产业链将从食品、用品、医疗美容等服务扩展至社交、出行、文娱等领域。

宠物社交与活动服务：宠物主题公园、宠物社交俱乐部等场所会不断涌现，为宠物提供社交和运动空间，同时也为宠物主人提供交流平台。宠物相亲、宠物运动会等活动将更加频繁，满足宠物和主人的社交需求。

宠物旅游与出行服务："宠物友好"的出行方式和住宿场所会越来越多，除了现有的宠物专车、宠物友好航班外，还会出现更多专门为宠物设计的旅游线路和景点。

宠物文化与娱乐服务：宠物影视、宠物游戏、宠物动漫等文化产品将不断丰富，以宠物为主题的线下娱乐项目，如宠物主题密室逃脱、宠物主题剧本杀等也可能会出现。

（四）跨行业融合加深

与医疗保健行业融合：宠物医疗与人类医疗保健行业的交流与合作将日益密切，一些人类医疗领域的新技术、新方法会逐渐应用到宠物医疗中。

与金融行业融合：除了现有的宠物保险之外，宠物金融领域还可能会出现宠物消费信贷、宠物信托等产品，为宠物主人提供更多的金融服务。

（五）情感经济

宠物经济的情感属性将进一步增强，宠物的社交属性也将推动相关产业的发展。

（六）监管加强

随着行业的快速发展，监管部门将加强行业监管，确保产品质量和服务质量，推动宠物经济的健康发展。

延伸阅读-蓝挚6道质检程序

附录二
饲料原料目录和饲料添加剂品种目录

农业农村部发布的饲料原料目录和饲料添加剂品种目录在中国畜牧兽医信息网（https://www.nahs.org.cn/）上可查询，查询方法为在网页业务管理板块，查询饲料质量安全，在部门规章及规范性文件中可查询到，目前更新至 2024 年 12 月版。

图书在版编目（CIP）数据

国内外宠物食品法规与标准精编／李金祥，夏兆飞，
苏强主编. -- 北京：中国农业出版社，2025. 8.
ISBN 978 - 7 - 109 - 33661 - 2

Ⅰ. D912. 160.9

中国国家版本馆 CIP 数据核字第 2025BB7263 号

国内外宠物食品法规与标准精编
GUONEIWAI CHONGWU SHIPIN FAGUI YU BIAOZHUN JINGBIAN

中国农业出版社出版

地址：北京市朝阳区麦子店街 18 号楼
邮编：100125
责任编辑：刘　伟
版式设计：杨　婧　　责任校对：吴丽婷
印刷：三河市国英印务有限公司
版次：2025 年 8 月第 1 版
印次：2025 年 8 月河北第 1 次印刷
发行：新华书店北京发行所
开本：787mm×1092mm　1/16
印张：12.5
字数：280 千字
定价：80.00 元